Novelas Cortas para Aprender Polaco

Historias cortas en Polaco para principiantes

Jan Kowalczyk

Este libro se ha diseñado utilizando recursos de www.freepik.com

greenthumbpublishing@gmail.com

Contenido

Introducción

Leer en una lengua extranjera es una de las formas más eficaces de mejorar las habilidades lingüísticas y ampliar el vocabulario. Sin embargo, a veces puede ser difícil encontrar materiales de lectura atractivos y de un nivel adecuado que proporcionen una sensación de logro y de progreso. La mayoría de los libros y artículos escritos para hablantes nativos pueden ser demasiado largos y difíciles de entender o pueden tener un vocabulario de muy alto nivel, por lo que te sientes abrumado y te rindes. Si estos problemas le resultan familiares, ¡este libro es para usted!

Novelas Cortas para Aprender Polaco es una colección de 25 historias cortas poco convencionales y entretenidas que están diseñadas para ayudar a los estudiantes de Polaco de nivel principiante a intermedio a mejorar sus habilidades lingüísticas. Estas historias cortas crean un ambiente de apoyo a la lectura al incluir;

-contenido lingüístico rico en diferentes géneros para mantenerlo entretenido y exponerlo a una variedad de formas de palabras.
-Historias más cortas en capítulos para darle la satisfacción de terminar las historias y progresar rápidamente.
-Los textos están escritos a su nivel para que sean más fáciles de comprender y no abrumen.

Encontrarás la traducción al español en páginas alternas para que puedas consultarla directamente

línea por línea mientras lees la historia en Polaco.

El vocabulario clave aparece en negrita en la historia y en la traducción para ayudarle a entender más fácilmente las palabras que no conoce.

Preguntas para evaluar su comprensión de los acontecimientos clave y animarle a leer más a fondo.

Así que, tanto si quieres ampliar tu vocabulario como mejorar tu comprensión o simplemente leer por diversión, este libro es el mayor paso adelante que darás en tus estudios este año. Novelas Cortas para Aprender Polaco te dará todo el apoyo que necesitas, así que siéntate, relájate y deja volar tu imaginación mientras te transportas a un mundo mágico de aventuras, misterio e intriga... ¡en Polaco!

Cómo leer con eficacia

La lectura es un talento difícil de dominar. Utilizamos una serie de microhabilidades para ayudarnos a leer en nuestras lenguas maternas. Por ejemplo, podemos hojear un pasaje para entender a grandes rasgos el contenido. También podemos leer numerosas páginas de un horario de tren para buscar una hora o un lugar concretos. Mientras que estas microhabilidades son naturales cuando leemos en nuestra lengua materna, las investigaciones revelan que solemos olvidar la mayoría de ellas cuando leemos en una lengua extranjera. Cuando aprendemos una lengua extranjera, solemos empezar por el principio de un texto y nos abrimos paso a través de él, tratando de entender cada una de las palabras. Inevitablemente, nos encontramos con términos desconocidos o complejos y nos sentimos molestos por nuestra incapacidad para comprenderlos.

Una de las mayores ventajas de leer en una lengua extranjera es que se está expuesto a un gran número de frases y expresiones que se utilizan en situaciones cotidianas. La lectura extensiva es un término utilizado para describir la lectura por placer con el fin de aprender un idioma. No es como la lectura de un libro de texto, cuando las conversaciones o los textos están diseñados para ser leídos lenta y cuidadosamente con el objetivo de comprender cada palabra. "Lectura intensiva" se refiere a la lectura que se realiza para alcanzar objetivos específicos de aprendizaje o

completar tareas. Dicho de otro modo, la lectura intensiva de libros de texto suele ayudar al aprendizaje de reglas gramaticales y vocabulario concreto, pero la lectura extensiva de cuentos ayuda al aprendizaje del lenguaje natural.

Aunque es posible que haya comenzado su viaje de aprendizaje de idiomas únicamente con libros de texto, le ofreceremos la oportunidad de aprender más sobre la lengua inglesa natural en uso. A continuación le ofrecemos algunas indicaciones que debe tener en cuenta al leer las historias de este libro para sacar el máximo provecho de ellas: Cuando se trata de leer, el disfrute y la sensación de logro son fundamentales. Uno sigue volviendo a por más porque disfruta con lo que lee. Leer cada historia de principio a fin es la mejor manera de disfrutar de la lectura de historias y sentirse realizado. Por eso, lo más importante es llegar al final de una historia. De hecho, es más crucial que saberse todas las palabras.

Cuanto más leas, más conocimientos adquirirás. Si lees libros largos por placer, comprenderás rápidamente cómo funciona el Polaco. Sin embargo, ten en cuenta que para obtener todos los beneficios de la lectura extensiva, primero debes leer un volumen suficientemente importante. Leer unas pocas páginas aquí y allá puede enseñarle algunas palabras nuevas, pero no supondrá una diferencia significativa en su nivel general de Polaco.

La guía de lectura

Para aprovechar al máximo la lectura de Short Stories in English for Intermediate Learners, lo mejor será que sigas este sencillo proceso de lectura en seis pasos para cada capítulo de los cuentos:

Lee el título del capítulo. Piensa en qué podría tratarse la historia. A continuación, lee la historia hasta el final. Tu objetivo es simplemente llegar al final de la historia. Por tanto, no te detengas a buscar palabras y no te preocupes si hay cosas que no entiendes. Simplemente intenta seguir la trama.

Cuando llegues al final de la historia, escudriña la traducción al español para ver si has entendido lo que ha sucedido y recoge el contexto que hayas podido perder.

Vuelve a leer la misma historia. Si quieres, puedes centrarte más en los detalles de la historia que antes, pero si no, simplemente vuelve a leerla.

A continuación, trabaja con las Comprehension Questionsen Polaco para comprobar que has entendido los acontecimientos clave de la historia. Si no entiendes del todo las preguntas, no te preocupes. Utiliza tus conocimientos para responder lo mejor posible.

Llegados a este punto, debería comprender en cierta medida los principales acontecimientos del capítulo. Si no es así, puedes releer el capítulo varias veces utilizando la traducción para comprobar las palabras y

frases desconocidas hasta que te sientas seguro.

Una vez que esté preparado y confíe en que entiende lo que ha sucedido -ya sea después de una o varias lecturas de la historia-, pase a la siguiente historia y siga disfrutando de ella a su propio ritmo, como haría con cualquier otro libro. Sólo una vez que haya completado una historia en su totalidad, debería considerar la posibilidad de volver atrás y estudiar el lenguaje de la historia con más profundidad, si así lo desea. O, en lugar de preocuparse por entenderlo todo, tómese el tiempo necesario para concentrarse en todo lo que ha entendido y felicitarse por todo lo que ha hecho.

Novelas Cortas

para Aprender Polaco

Jan Kowalczyk

Zamek w Malborku

Zastanawia się, czy w zamku w Malborku cokolwiek się jeszcze **zmieni.**Jest rok 1410, a Zakon Krzyżacki właśnie przejął kontrolę nad zamkiem w Malborku. Okazała budowla stoi imponująco nad brzegiem rzeki Nogat w północnej Polsce, będąc symbolem potęgi i mocy germańskich rycerzy. Jednak nie wszystko w murach **zamku jest w porządku.** Panuje atmosfera napięcia i niepokoju, ponieważ jest wielu, którzy nie ufają nowym władcom. Jedną z takich osób jest Agnieszka, młoda kobieta, która urodziła się i wychowała w Malborku. **Pamięta czasy,** gdy Malbork nazywał się jeszcze Marienburg, **zanim dostał się w ręce** Krzyżaków podczas jednej z ich krucjat przeciwko pogańskiej Litwie. Teraz czuje się jak obca we własnym domu; wszystko się zmieniło od tamtych mrocznych dni. Agnieszka stara się unikać kontaktu z rycerzami, ale pewnego dnia **przypadkowo wpada na** jednego z nich w zatłoczonym korytarzu. Ten chwyta ją za ramię i krzyczy na nią po niemiecku, **żądając wyjaśnień,** dlaczego nie pracuje ciężej, by służyć im należycie. **Wstrząśnięta** tym spotkaniem Agnieszka postanawia, że dość tego; nie może dłużej milczeć na temat tego, co dzieje się na zamku w Malborku pod panowaniem krzyżackim.

Castillo de Malbork

Es el año 1410 y la Orden Teutónica acaba de tomar el
control del castillo de Malbork. La grandiosa estructura
se alza imponente a orillas del río Nogat, en el norte
de Polonia, como símbolo del poder y la fuerza de los
caballeros germánicos. Pero no todo está bien dentro
de los muros **del castillo**. Se respira un aire de tensión
y malestar, pues hay muchos que no confían en estos
nuevos gobernantes. Una de ellas es Agnieszka, una
joven que nació y creció en Malbork. **Recuerda** cuando
aún se llamaba Marienburg, **antes de que** cayera
en manos de la Orden Teutónica durante una de sus
cruzadas contra la Lituania pagana. Ahora se siente
como una extraña en su propia casa; todo ha cambiado
desde aquellos oscuros días. Agnieszka se esfuerza
por evitar el contacto con los caballeros en la medida
de lo posible, pero un día tropieza **accidentalmente**
con uno de ellos en un pasillo muy concurrido.
Éste la agarra bruscamente del brazo y le grita en
alemán, **exigiendo** saber por qué no se esfuerza
más en servirles como es debido. **Sacudida** por este
encuentro, Agnieszka decide que ya es suficiente; no
puede seguir callando lo que ocurre en el castillo de
Malbork bajo el dominio teutón.

Agnieszka comienza a difundir entre el personal del

Agnieszka zaczyna rozpowiadać wśród pracowników zamku o złym traktowaniu, jakiego doświadczają z rąk Krzyżaków. Wie, że jest to ryzykowne, ale nie może bezczynnie przyglądać się, jak jej rodacy są traktowani w ten sposób. **Powoli, ale nieuchronnie** coraz więcej osób zaczyna jej słuchać i wkrótce na zamku w Malborku powstaje mały ruch oporu. Rycerze nie są ślepi na to, co się dzieje; widzą, że Agnieszka **staje się** problemem. Zaczynają ją bacznie obserwować, pilnując, by nie sprawiała więcej kłopotów. Jednak mimo ciągłego nadzoru, Agnieszce wciąż udaje się przemycać **wiadomości z** zamku, wzywając pomocy z zewnątrz. Pewnej nocy, gdy kończy pisać kolejną wiadomość, słyszy kroki na **korytarzu** przed swoim pokojem. Ktoś dowiedział się o działalności Agnieszki i teraz po nią idzie. W **pośpiechu** chowa wiadomość, po czym otwiera drzwi i widzi czekających na nią dwóch Krzyżaków. Tym razem nie ma **ucieczki** - wie, że zostanie zabrana i prawdopodobnie **stracona** za zdradę zakonu.

castillo los malos tratos que están sufriendo todos
a manos de los caballeros teutones. Sabe que es
arriesgado, pero no puede quedarse de brazos
cruzados mientras sus compatriotas polacos son
tratados así. **Poco a poco**, más y más gente empieza
a escucharla, y pronto hay un pequeño movimiento de
resistencia en el castillo de Malbork. Los caballeros
no están ciegos ante lo que sucede; pueden ver que
Agnieszka **se está convirtiendo en** un problema.
Comienzan a vigilarla de cerca, asegurándose de que
no cause más problemas. Pero a pesar de estar bajo
constante vigilancia, Agnieszka se las arregla para
sacar **mensajes** del castillo, pidiendo ayuda al exterior.
Una noche, cuando está terminando de redactar
otro mensaje, oye pasos en el **pasillo** fuera de su
habitación. Alguien se ha enterado de las actividades
de Agnieszka y ahora vienen a por ella. Se **apresura**
a esconder el mensaje antes de abrir la puerta y
encontrar a dos caballeros teutones esperándola. Esta
vez no hay **escapatoria**; sabe que se la llevarán y
probablemente la **ejecutarán** por traición a su orden.

Pytania sprawdzające rozumienie tekstu

1. Jak nazywa się zamek, o którym mowa w opowiadaniu?

2. Kiedy Zakon Krzyżacki przejął kontrolę nad zamkiem?

3. Z jakiego kraju pochodzi Agnieszka?

4. Jaką nazwę nosił pierwotnie zamek?

5. Co Agnieszka sądzi o Krzyżakach?

6. Co robi Agnieszka w odpowiedzi na złe traktowanie przez pracowników zamku?

7. Co czuje Wielki Mistrz Zakonu Krzyżackiego w związku z postępowaniem Agnieszki?

Preguntas de comprensión

1. ¿Cómo se llama el castillo de la historia?

2. ¿Cuándo tomó la Orden Teutónica el control del castillo?

3. ¿Cuál es el país de origen de Agnieszka?

4. ¿Cuál era el nombre original del castillo?

5. ¿Qué opina Agnieszka de los caballeros teutónicos?

6. ¿Qué hace Agnieszka en respuesta al maltrato del personal del castillo?

7. ¿Qué opina el Gran Maestre de la Orden Teutónica de las acciones de Agnieszka?

Puszcza Białowieska

Puszcza Białowieska to miejsce mroczne i tajemnicze. Mówi się, że las jest domem dla dziwnych stworzeń, których nikt nigdy nie widział. Niektórzy twierdzą, że są one **przyjazne, a** inni, że niebezpieczne. Nikt nie wie na pewno, co czai się w głębi lasu.

Pewnego dnia grupa przyjaciół postanowiła wybrać się do Puszczy Białowieskiej. Słyszeli wszystkie opowieści o dziwnych stworzeniach, które tam mieszkały, i chcieli się przekonać, czy są one prawdziwe. Gdy szli coraz głębiej w las, zaczęli mieć wrażenie, że ktoś ich obserwuje. Słyszeli trzaskanie gałązek i szelest **liści,** ale przez gęste drzewa nie mogli nic zobaczyć. Nagle jedna z ich koleżanek krzyknęła z przerażenia, bo coś chwyciło ją od tyłu!

Grupa przyjaciół biegła tak **szybko, jak tylko** mogła, ale stwór był szybszy. Gonił ich przez las, aż w końcu dotarli do polany. Odwrócili się w stronę swojego prześladowcy i zobaczyli duże, futrzane stworzenie stojące przed nimi. Miało ostre zęby i pazury i wyglądało na bardzo rozgniewane. Przyjaciele byli przerażeni!

Stwór wystąpił naprzód i obwąchał każdego z nich. Potem zrobiło coś **zaskakującego**: uśmiechnęło się do nich! To nie było groźne stworzenie, a jedynie

Bosque de Białowieża

El bosque de Białowieża es un lugar oscuro y misterioso. Se dice que el bosque alberga extrañas criaturas que nadie ha visto nunca. Algunos dicen que estas **criaturas** son **amistosas**, mientras que otros dicen que son peligrosas. Nadie sabe con certeza qué es lo que acecha en las profundidades del bosque. Un día, un grupo de amigos decidió explorar el bosque de Białowieża. Habían oído todas las historias sobre las extrañas criaturas que vivían allí, y estaban decididos a averiguar si eran ciertas. A medida que se adentraban en el bosque, empezaron a sentir que alguien les observaba. Podían oír el chasquido de las ramas y el crujido de **las hojas**, pero no podían ver nada a través de los densos árboles. De repente, una de sus amigas gritó aterrorizada cuando algo la agarró por detrás. El grupo de amigos corrió todo lo **que** pudo, pero la criatura fue más rápida. Los persiguió a través del bosque, hasta que finalmente llegaron a un claro. Se giraron para enfrentarse a su perseguidor y vieron una gran criatura peluda de pie ante ellos. Tenía dientes y garras afiladas y parecía muy enfadada. Los amigos estaban aterrorizados.

La criatura dio un paso adelante y olfateó a cada uno de ellos. Entonces, hizo algo **sorprendente**: ¡les

ciekawskie, które chciało dowiedzieć się czegoś więcej
o tych dziwnych ludziach, którzy weszli do jego domu.
Od tej pory stworzenia z Puszczy Białowieskiej stały się
stałymi gośćmi na polanie, gdzie przyjaciele spotykali
się każdego dnia. I tak zaczęła się **wspaniała** przyjaźń
między ludźmi a zwierzętami, która trwała przez
wiele lat. Pewnego dnia leśne stworzenia poprosiły
przyjaciół o pomoc w rozwiązaniu pewnego **problemu**.
W lesie pojawiła się grupa myśliwych, którzy zabijali
zwierzęta dla ich futra. Stworzenia były przerażone i
nie wiedziały, co robić. Przyjaciele wymyślili plan, jak
powstrzymać **myśliwych**. Zbudowali pułapki i rozstawili
je w całym lesie. Gdy łowcy przyszli następnym razem,
wpadli w pułapki i zostali schwytani! Stworzenia były
bardzo **wdzięczne** swoim przyjaciołom za pomoc i do
Białowieży znów powrócił pokój.

Przyjaciele przeżyli wiele przygód w Puszczy
Białowieskiej, ale zawsze trzymali się **razem**. Pomagali
stworom w ich problemach, a one w zamian pokazywały
im rzeczy, których nigdy wcześniej nie widzieli. Las
był **magicznym** miejscem i szybko stał się ich drugim
domem.

sonrió! Al fin y al cabo, no era una criatura peligrosa, sino una curiosa que quería saber más sobre estos extraños humanos que habían entrado en su casa. A partir de entonces, las criaturas del Bosque de Białowieża se convirtieron en visitantes habituales del claro donde los amigos se reunían cada día. Y así comenzó una **maravillosa** amistad entre humanos y bestias que duraría muchos años. Un día, las criaturas del bosque pidieron a los amigos que les ayudaran con un **problema**. Un grupo de cazadores había estado entrando en el bosque y matando animales por su piel. Las criaturas estaban asustadas y no sabían qué hacer. Los amigos idearon un plan para detener a los **cazadores**. Construyeron trampas y las colocaron alrededor del bosque. La siguiente vez que llegaron los cazadores, cayeron en las trampas y fueron capturados. Las criaturas estaban muy **agradecidas** a sus amigos por haberles ayudado y la paz volvió a Białowieża.

Los amigos vivieron muchas aventuras en el Bosque de Białowieża, y siempre estuvieron **juntos**. Ayudaban a las criaturas con sus problemas y, a cambio, las criaturas les mostraban cosas que nunca habían visto. El bosque era un lugar **mágico,** y se estaba convirtiendo rápidamente en su segundo **hogar**.

Pytania sprawdzające rozumienie tekstu

1. Co to jest Puszcza Białowieska?

2. Jakie stworzenia podobno żyją w lesie?

3. Dlaczego przyjaciele postanowili zwiedzić las?

4. Co zrobił stwór, gdy po raz pierwszy zobaczył przyjaciół?

5. Z jakim problemem zwróciły się do przyjaciół leśne stwory o pomoc?

6. W jaki sposób przyjaciele pomogli stworzeniom?

7. Co znaleźli przyjaciele, gdy odkrywali nową część lasu?

Preguntas de comprensión

1. Qué es el bosque de Białowieża?

2. ¿Qué criaturas se dice que viven en el bosque?

3. ¿Por qué los amigos decidieron explorar el bosque?

4. ¿Qué hizo la criatura cuando vio por primera vez a los amigos?

5. ¿Cuál era el problema para el que las criaturas del bosque pedían ayuda a los amigos?

6. ¿Cómo ayudaron los amigos a las criaturas?

7. ¿Qué encontraron los amigos cuando exploraron una nueva parte del bosque?

Maria Curie

Maria Curie urodziła się 7 listopada 1867 r. w Warszawie. Jej ojciec był **profesorem** fizyki na miejscowym uniwersytecie, a matka prowadziła pensjonat. Już w dzieciństwie Maria Curie wykazywała **duże zdolności w zakresie nauk ścisłych** i doskonale radziła sobie z nauką. Gdy miała zaledwie osiemnaście **lat,** zdobyła **stypendium na studia na** Sorbonie w Paryżu. Na Sorbonie Marie poznała Pierre'a Curie, który później został jej mężem. Pierre również studiował fizykę na tej uczelni i szybko nawiązali silną więź dzięki wspólnemu zamiłowaniu do **nauki**. Pobrali się w 1895 r. i mieli dwie **córki**: Irene i Evelyn. W 1898 r. Marie i Pierre odkryli rad - pierwiastek, który na zawsze odmienił ich życie. Poświęcili się dalszym badaniom nad promieniotwórczością i jej potencjalnymi zastosowaniami w **medycynie** (dziedzina, którą później nazwano "radioterapią"). W 1903 r. otrzymali Nagrodę Nobla w dziedzinie fizyki za odkrycie promieniotwórczości - tym samym Maria Curie stała się pierwszą kobietą w historii, która otrzymała Nagrodę Nobla.

Niestety, zaledwie cztery lata później doszło do tragedii, gdy Pierre zmarł potrącony przez powóz konny podczas przechodzenia przez **ulicę** w Paryżu. Zrozpaczona jego

Marie Curie

Marie Curie nació en Varsovia (Polonia) el 7 de noviembre de 1867. Su padre era **profesor de** física en la universidad local y su madre dirigía una pensión. De niña, Marie se mostró **muy** prometedora en lo académico y destacó en sus estudios. A los dieciocho **años** obtuvo una **beca** para estudiar en la Universidad de la Sorbona, en París. En la Universidad de la Sorbona, Marie conoció a Pierre Curie, que más tarde se convertiría en su marido. Pierre también estudiaba física en la universidad, y los dos desarrollaron rápidamente un fuerte vínculo por su amor compartido por la **ciencia**. Se casaron en 1895 y tuvieron dos **hijas** juntos: Irene y Evelyn. En 1898, Marie y Pierre descubrieron el radio, un elemento que cambiaría sus vidas para siempre. Se dedicaron a seguir investigando la radiactividad y sus posibles aplicaciones en **medicina** (un campo que llegó a conocerse como "radioterapia"). En 1903 se les concedió el Premio Nobel de Física por su descubrimiento de la radiactividad, lo que convirtió a Marie Curie en la primera mujer en ganar un Premio Nobel.

Desgraciadamente, cuatro años más tarde, Pierre murió atropellado por un coche de caballos mientras cruzaba una **calle** de París. Devastada por su muerte, pero

śmiercią, ale zdecydowana kontynuować ich wspólną pracę, Marie objęła jego stanowisko profesora fizyki na Sorbonie. Stała się jeszcze bardziej znana dzięki swoim przełomowym pracom nad promieniotwórczością, do tego stopnia, że w 1911 r. otrzymała kolejną Nagrodę Nobla - tym razem sama - stając się nie tylko pierwszą kobietą, która otrzymała dwa Noble, ale także jedyną osobą, która otrzymała je w dwóch różnych dziedzinach nauki. Po wybuchu I wojny światowej Marie odłożyła na bok własne projekty badawcze, aby pomóc w działaniach wojennych, opracowując aparaty rentgenowskie, które można było wykorzystywać do lokalizowania **odłamków** i innych ciał obcych w ciałach żołnierzy. Przeszkoliła także 150 kobiet, które miały obsługiwać te **urządzenia** w **szpitalach** wojskowych w pobliżu linii frontu. Za swoje wysiłki w czasie wojny została odznaczona francuską Legią Honorową - jednym z najwyższych odznaczeń cywilnych przyznawanych przez **rząd** francuski.

Niestety, wkrótce potem narażenie na **promieniowanie** wynikające z wieloletniej pracy z materiałami radioaktywnymi zaczęło się negatywnie odbijać na zdrowiu Marii Curie, która zaczęła cierpieć na **zmęczenie,** a w końcu zachorowała na białaczkę. Maria Curie zmarła spokojnie 4 lipca 1934 r. w wieku 67 lat w sanatorium Sancellemoz w Passy we Francji, w otoczeniu **rodziny** i najbliższych przyjaciół.

decidida a continuar su trabajo juntos, Marie asumió su puesto como profesora de física en la **Universidad** de la Sorbona. Su fama aumentó por sus revolucionarios trabajos sobre la radiactividad, hasta el punto de que en 1911 recibió otro Premio Nobel, esta vez en solitario, convirtiéndose así no sólo en la primera mujer en ganar dos Nobeles, sino también en la única persona que ha ganado ambos en ciencias distintas. Tras el estallido de la Primera Guerra Mundial, Marie dejó de lado sus propios proyectos de investigación para contribuir al esfuerzo bélico desarrollando máquinas de rayos X que podían utilizarse para localizar **metralla** y otros objetos extraños dentro de los cuerpos de los soldados. También formó a 150 mujeres para que mantuvieran y operaran estas **máquinas** en los **hospitales militares** cercanos al frente de batalla. Por sus esfuerzos en tiempos de guerra, fue nombrada miembro de la Legión de Honor de Francia, uno de los más altos honores civiles concedidos por el **gobierno francés**.

Desgraciadamente, la exposición a **la radiación** de todos esos años de trabajo con materiales radiactivos empezó a hacer mella en la salud de Marie poco después; empezó a sufrir **fatiga** y acabó desarrollando leucemia. Marie Curie murió en paz el 4 de julio de 1934, a la edad de 67 años, en el sanatorio Sancellemoz de Passy (Francia), rodeada de su **familia** y amigos más cercanos.

Pytania sprawdzające rozumienie tekstu

1. Jaki zawód wykonywał ojciec Marii Curie?

2. Co łączyło Marię Curie i Pierre'a Curie?

3. Co odkryli Maria i Pierre Curie?

4. Ile nagród Nobla otrzymała Maria Curie?

5. Czym zajmowała się Maria Curie podczas I wojny światowej?

6. Jakie jest dziedzictwo Marii Curie?

7. Za co Irena Curie otrzymała Nagrodę Nobla?

8. Kto napisał biografię o życiu Marii Curie?

Preguntas de comprensión

1. ¿Cuál era la profesión del padre de Marie Curie?

2. ¿Qué tenían en común Marie Curie y Pierre Curie?

3. ¿Qué descubrieron Marie y Pierre Curie?

4. ¿Cuántos premios Nobel ganó Marie Curie?

5. ¿Qué hizo Marie Curie durante la Primera Guerra Mundial?

6. ¿Cuál es el legado de Marie Curie?

7. ¿Por qué ganó Irene Curie un premio Nobel?

8. ¿Quién escribió una biografía sobre la vida de Marie Curie?

Kopalnia soli w Wieliczce

Kopalnia Soli w Wieliczce to miejsce, jakiego jeszcze nie było. Przez **wieki** była źródłem soli dla mieszkańców Polski. Dziś jest także popularnym celem wycieczek turystycznych. Odwiedzają ją turyści z całego świata, aby zobaczyć wyjątkowe podziemne komory i rzeźby. Jest jednak jedna komora w **kopalni,** która nie przypomina żadnej innej. Mówi się, że jest ona nawiedzana przez ducha górnika, który zginął wiele lat temu w wypadku górniczym. Nazywał się Janek Kowalski i miał zaledwie 22 lata, kiedy zginął. Mówi się, że **duch** Janka nawiedza komorę, w której zginął, a jego ducha można czasem zobaczyć błąkającego się w ciemnościach. Niektórzy twierdzą, że duch Janka jest **zły** i mściwy, inni zaś uważają, że po prostu chce odnaleźć **spokój** po śmierci. Tak czy inaczej, jego obecność w kopalni sprawiła, że stała się ona miejscem pełnym tajemnic i intryg zarówno dla mieszkańców, jak i turystów.

Pewnego **upalnego** letniego dnia grupa turystów **zwiedzała** Kopalnię Soli w Wieliczce. Słyszeli opowieści o duchu Janka, ale nie byli pewni, czy im wierzyć. Kiedy szli przez **ciemne** komory, poczuli **chłód** w powietrzu.

La mina de sal de Wieliczka

La mina de sal de Wieliczka es un lugar como ningún otro. Durante **siglos, ha** sido una fuente de sal para el pueblo de Polonia. Hoy en día, también es un popular destino turístico, con visitantes de todo el mundo que vienen a ver sus singulares cámaras subterráneas y esculturas. Pero hay una cámara en la **mina** que no se parece a ninguna otra. Se dice que esta **cámara** está embrujada por el fantasma de un minero que murió en un accidente hace muchos años. Se llamaba Janek Kowalski y sólo tenía 22 años cuando murió. Se dice que el **fantasma** de Janek ronda la cámara en la que murió, y a veces se puede ver su espíritu vagando en la oscuridad. Algunos dicen que el fantasma de Janek está **enfadado** y es vengativo, mientras que otros creen que simplemente quiere encontrar **la paz** después de la muerte. En cualquier caso, su presencia en la mina la ha convertido en un lugar de misterio e intriga tanto para los lugareños como para los turistas.

Un **caluroso** día de verano, un grupo de turistas estaba **explorando** la mina de sal de Wieliczka. Habían oído historias sobre el fantasma de Janek, pero no estaban seguros de creerlas. Mientras caminaban por las **oscuras** cámaras, sintieron un **escalofrío en el** aire.

Nagle jeden z turystów zobaczył w oddali jakąś postać. Był to mężczyzna w staromodnym ubraniu, który zdawał się unosić nad ziemią. Turysta krzyknął, a wszyscy pozostali turyści pobiegli w jego kierunku. Gdy dotarli na miejsce, po widmowej postaci nie było już śladu. Jedyną **różnicą było** to, że jedna ze świec w komnacie była zgaszona. Opowieść o duchu Janka stała się **legendą** w Kopalni Soli "Wieliczka". Turyści z całego świata przyjeżdżają, aby zobaczyć, czy uda im się zobaczyć jego **ducha**. Niektórzy twierdzą, że jest on niegroźny, inni zaś uważają, że wciąż jest zły z powodu swojej śmierci i chce się zemścić na tych, którzy wchodzą do jego komory.

Nikt nie wie na pewno, co stało się z duchem Janka, ale jedno jest pewne: Kopalnia Soli w Wieliczce nigdy nie zostanie zapomniana. Janek Kowalski był **młodym** człowiekiem, który miał przed sobą całe życie. Pracował w kopalni soli w Wieliczce i bardzo to lubił. To była **niebezpieczna** praca, ale Janek nigdy nie bał się podejmować ryzyka. Pewnego dnia, gdy Janek pracował w jednej z komór, nastąpiło zawał. Janek został **pogrzebany** żywcem pod tonami soli i **skał**. Jego ciała nie odnaleziono przez wiele dni, a kiedy je odnaleziono, było już za późno. Zmarł na skutek odniesionych obrażeń. Śmierć Janka pozostawiła dziurę w sercach tych, którzy go znali. Ale pozostawiła też coś jeszcze: jego ducha.

De repente, uno de los turistas vio una figura en la distancia. Era un hombre vestido con ropas anticuadas, y parecía flotar sobre el suelo. El turista gritó, y todos los demás turistas corrieron hacia él. Pero cuando llegaron, no había rastro de ninguna figura fantasmal. Lo único **diferente** era que una de las velas de la cámara se había apagado. La historia del fantasma de Janek se ha convertido en una **leyenda** en la mina de sal de Wieliczka. Los visitantes vienen de todo el mundo para ver si pueden vislumbrar su **espíritu**. Algunos dicen que es inofensivo, mientras que otros creen que sigue enfadado por su muerte y quiere vengarse de los que entran en su cámara.

Nadie sabe a ciencia cierta qué le ocurrió al fantasma de Janek, pero una cosa es segura: la mina de sal de Wieliczka nunca será olvidada. Janek Kowalski era un **joven** con toda la vida por delante. Trabajaba en la mina de sal de Wieliczka y le encantaba. Era un trabajo **peligroso**, pero Janek nunca tuvo miedo de correr riesgos. Un día, mientras Janek trabajaba en una de las cámaras, se produjo un derrumbe. Janek quedó **enterrado** vivo bajo toneladas de sal y **roca**. Su cuerpo no se encontró durante días, y cuando lo encontraron, ya era demasiado tarde. Había muerto a causa de sus heridas. La muerte de Janek dejó un hueco en el corazón de los que le conocían. Pero también dejó algo más: su espíritu.

Pytania sprawdzające rozumienie tekstu

1. Co to jest kopalnia soli w Wieliczce?

2. Jak nazywa się komora w kopalni, o której mówi się, że jest nawiedzona przez ducha Janka Kowalskiego?

3. Ile lat miał Janek Kowalski, gdy zmarł?

4. Co mówi się o duchu Janka?

5. Co się stało z duchem Janka?

6. Gdzie znajduje się kopalnia soli w Wieliczce?

7. Od jak dawna działa Kopalnia Soli "Wieliczka"?

8. Jak nazywa się komora w kopalni, o której mówi się, że jest nawiedzana przez ducha Janka Kowalskiego?

Preguntas de comprensión

1. ¿Qué es la mina de sal de Wieliczka?

2. ¿Cuál es la cámara de la mina que, según se dice, está embrujada por el fantasma de Janek Kowalski?

3. ¿Qué edad tenía Janek Kowalski cuando murió?

4. ¿Qué se dice del fantasma de Janek?

5. ¿Qué pasó con el fantasma de Janek?

6. ¿Dónde se encuentra la mina de sal de Wieliczka?

7. ¿Cuánto tiempo lleva en funcionamiento la mina de sal de Wieliczka?

8. ¿Cuál es la cámara de la mina que, según se dice, está embrujada por el fantasma de Janek Kowalski?

Obwarzanek Krakowski

W Krakowie był wczesny ranek, a **miasto** dopiero zaczynało się budzić. **Słońce** jeszcze nie wzeszło, ale niebo rozświetlało się jego blaskiem. Krakowscy sprzedawcy Obwarzanka już rozstawiali swoje wózki, przygotowując się do kolejnego dnia sprzedaży swoich **pysznych** precli. Jeden ze sprzedawców, młody mężczyzna o imieniu Jakub, był dziś szczególnie **podekscytowany**. Oszczędzał od miesięcy i w końcu miał wystarczająco dużo pieniędzy, aby kupić własny wózek. Był to jego pierwszy dzień pracy jako sprzedawca i nie mógł się doczekać, kiedy zacznie. Jakub dotarł na swoje stałe miejsce w pobliżu **rynku** i zaczął rozstawiać **wózek**. W miarę pracy czuł narastające w nim podniecenie. Wkrótce ustawiła się kolejka ludzi, którzy chcieli kupić jego obwarzanki. Gdy słońce zaczęło wschodzić, podekscytowanie Jakuba zmieniło się w zdenerwowanie. Co będzie, jeśli nikt nie kupi jego obwarzanków? A jeśli nie zarobi tyle **pieniędzy,** żeby zapłacić za wózek? Próbował wyrzucić te myśli z głowy i skupić się na zadaniu, które miał wykonać.

Wreszcie nadszedł czas, aby otworzyć interes.

Obwarzanek Krakowski

Era la primera hora de la mañana en Cracovia y la **ciudad** empezaba a moverse. El **sol** aún no había salido, pero el cielo brillaba con su luz. Los vendedores del Obwarzanek Krakowski ya estaban montando sus carros, preparándose para otro día de venta de sus **deliciosos** pretzels. Uno de los vendedores, un joven llamado Jakub, estaba especialmente **emocionado** hoy. Llevaba meses ahorrando y por fin tenía suficiente dinero para comprar su propio carrito. Este sería su primer día como vendedor, y no podía esperar a empezar. Jakub llegó a su lugar habitual, cerca de la plaza **del mercado,** y empezó a montar su **carro**. Podía sentir la emoción en su interior mientras trabajaba. Pronto habría una cola de gente esperando para comprar su obwarzanek. Cuando empezó a salir el sol, la emoción de Jakub se convirtió en nerviosismo. ¿Y si nadie compraba sus pretzels? ¿Y si no ganaba suficiente **dinero** para pagar su carrito? Intentó apartar estos pensamientos de su mente y concentrarse en la tarea que tenía entre manos.

Por fin llegó la hora de abrir el negocio. Jakub **respiró hondo** y llamó al primer cliente: "¡Obwarzanek Krakowski!". Para su alivio, el cliente se acercó y

Jakub wziął głęboki **oddech** i zawołał do pierwszego klienta: "Obwarzanek Krakowski!". Ku jego uldze, klient podszedł i kupił precla. Jakub odetchnął z ulgą, wręczając resztę. W końcu zapowiadał się **dobry** dzień. Z upływem dnia **pewność siebie** Jakuba rosła. Sprzedawał coraz więcej precli, a nawet udało mu się pozyskać kilku stałych klientów. Interes kwitł, a on zarabiał więcej pieniędzy, niż kiedykolwiek mógł sobie wyobrazić. Pod koniec dnia Jakub zarobił wystarczająco dużo pieniędzy, aby kupić sobie nową parę butów i jeszcze trochę zostało. Był **zmęczony,** ale szczęśliwy, gdy pakował swój wózek i wracał na **noc do** domu. Dla Jakuba to był dopiero początek. Od tej pory będzie znany jako krakowski sprzedawca Obwarzanków z najlepszymi preclami w mieście! Ponieważ biznes Jakuba stale się rozwijał, postanowił zatrudnić kilku pomocników. Z ich pomocą udało mu się rozszerzyć działalność i sprzedawać jeszcze więcej precli. Miał teraz stałe miejsce na rynku, a ludzie przyjeżdżali z całego miasta, żeby kupić jego obwarzanki.

compró un pretzel. Jakub dejó escapar un suspiro de alivio mientras entregaba el cambio. Después de todo, este iba a ser un **buen** día. A medida que avanzaba el día, la **confianza de Jakub** aumentaba. Cada vez vendía más pretzels, e incluso consiguió que algunos clientes repitieran. El negocio iba viento en popa y estaba ganando más dinero del que jamás hubiera imaginado. Al final del día, Jakub había ganado suficiente dinero para comprarse un par de zapatos nuevos y aún le quedaba algo. Estaba **cansado** pero feliz cuando recogió su carro y se dirigió a su casa para pasar la **noche**. Esto era solo el principio para Jakub. A partir de ahora, será conocido como el vendedor de Obwarzanek Krakowski con los mejores pretzels de la ciudad. Como el negocio de Jakub seguía creciendo, decidió contratar a algunos ayudantes. Con su ayuda, pudo ampliar su negocio y vender aún más pretzels. Ahora tenía un puesto fijo en la plaza del mercado y la gente venía de toda la ciudad a comprar su obwarzanek.

Pytania sprawdzające rozumienie tekstu

1. Co to jest Obwarzanek Krakowski?

2. Kim jest Jakub?

3. Czym Jakub był podekscytowany tego dnia?

4. Dlaczego podekscytowanie Jakuba zmieniło się w zdenerwowanie?

5. Jak czuł się Jakub pod koniec dnia?

6. Co Jakub zrobił z zarobionymi pieniędzmi?

7. Co zrobił Jakub, gdy zobaczył człowieka ze znakiem?

Preguntas de comprensión

1. ¿Qué es el Obwarzanek Krakowski?

2. ¿Quién es Jakub?

3. ¿Cuál era la ilusión de Jakub por el día?

4. ¿Por qué el entusiasmo de Jakub se convirtió en nerviosismo?

5. ¿Cómo se sentía Jakub al final del día?

6. ¿Qué hizo Jakub con el dinero extra que ganó?

7. ¿Qué hizo Jakub cuando vio al hombre del cartel?

Dolina Dolnej Odry

Dolina Dolnej Odry była kiedyś miejscem tętniącym życiem, pełnym aktywności. Teraz jednak jest **cieniem** dawnego siebie. Pozostały po niej jedynie ruiny domów i przedsiębiorstw. Mówi się, że **dolina** została przeklęta przez mściwego ducha, który został skrzywdzony dawno temu. Nikt nie wie na pewno, co się stało, ale od tamtej pory dolina powoli umiera. **Rośliny** uschły, zwierzęta zniknęły, a w końcu odeszli nawet ludzie. Dziś nikt już nie przyjeżdża do Doliny Dolnej Odry. To tak, jakby w ogóle nie istniała. Jeśli jednak masz dość **odwagi,** by zapuścić się w to opuszczone miejsce, możesz przekonać się, że w tym zapomnianym zakątku świata pozostało jeszcze trochę życia. Przemierzając dolinę, nie sposób oprzeć się wrażeniu smutku. Jakby całe szczęście zostało wyssane z tego miejsca. W oddali widać jednak, że coś **się porusza**. Gdy podchodzisz bliżej, zdajesz sobie sprawę, że to człowiek! Jest poszarpany i **brudny**, ale na pewno żyje. Kiedy Cię widzi, zaczyna uciekać w popłochu.

Próbujesz iść za nimi, ale oni znikają w jednym z **opuszczonych** budynków. Ostrożnie wchodzisz za nimi, nie wiedząc, czego się spodziewać. Wewnątrz budynku jest ciemno i **stęchło**. Dopiero po **chwili** Twoje oczy przyzwyczajają się do ciemności. Gdy to się udaje,

El Valle del Bajo Oder

El valle del Bajo Oder fue en su día un lugar bullicioso, lleno de vida y actividad. Pero ahora es una **sombra** de lo que fue. Lo único que queda son las ruinas de lo que fueron casas y negocios. Se dice que el **valle** fue maldecido por un espíritu vengativo que fue agraviado hace mucho tiempo. Nadie sabe a ciencia cierta lo que ocurrió, pero desde entonces, el valle ha ido muriendo lentamente. Las **plantas** se marchitaron, los animales desaparecieron y, finalmente, incluso las personas se fueron. Hoy en día, ya nadie viene al valle del Bajo Oder. Es como si no existiera. Pero si eres lo suficientemente **valiente** como para aventurarte en este lugar abandonado, puede que descubras que aún queda algo de vida en este rincón olvidado del mundo. Mientras caminas por el valle, no puedes evitar una sensación de tristeza. Es como si toda la felicidad hubiera sido absorbida de este lugar. Pero entonces, a lo lejos, ves algo que **se mueve**. Al acercarte, te das cuenta de que es una persona. Está **sucia** y desaliñada, pero sin duda está viva. Cuando te ven, empiezan a huir despavoridos.

Intentas seguirlos, pero desaparecen en uno de los edificios **abandonados**. Entras con cautela tras ellos,

widzisz osobę skuloną w kącie, trzęsącą się ze strachu. Podchodzisz do niej powoli, nie chcąc przestraszyć jej jeszcze bardziej, niż jest w rzeczywistości. Kiedy jesteś wystarczająco blisko, zdajesz sobie sprawę, że to tylko **dzieci**. Młoda **dziewczyna,** która wygląda na nie więcej niż dziesięć lat, najwyraźniej wiele przeszła, ale wciąż ma w sobie trochę **walki.** Kiedy widzi, że nie zamierzasz jej skrzywdzić, zaczyna się lekko uspokajać. Przez chwilę siedzicie w milczeniu, a dziewczynka próbuje zebrać się na odwagę. W końcu się odzywa i opowiada swoją historię. Mówi, że ma na imię Sara i że była jedną z ostatnich osób, które opuściły dolinę, gdy wszyscy inni się wynosili. Jej rodzice zmarli wkrótce po tym, jak tu przybyli, więc Sara została tu **sama.**

Sarah mówi, że od kilku lat żyje z uprawy **ziemi,** ale coraz trudniej jest jej znaleźć **pożywienie**. Szukała jagód, gdy zobaczyła, że nadchodzisz, i pomyślała, że jesteś jednym z duchów, które nawiedzają to miejsce. Ale teraz, kiedy wie, że jesteś zwykłym człowiekiem, takim jak ona, nie boi się już tak bardzo. Siedzicie i rozmawiacie jeszcze przez jakiś czas, aż w końcu Sara zasypia ze **zmęczenia**. Zostajesz z Sarą przez całą noc, czuwając na wypadek, gdyby któryś z duchów powrócił.

sin saber qué esperar. Dentro, el edificio es oscuro y **húmedo**. Tus ojos tardan **un momento** en adaptarse a la oscuridad. Cuando lo hacen, ves a la persona acurrucada en un rincón, temblando de miedo. Te acercas lentamente, sin querer asustarla más de lo que ya está. Cuando estás lo suficientemente cerca, te das cuenta de que sólo son **niños**. Una **niña** que no parece tener más de diez años y que, evidentemente, ha pasado por muchas cosas, pero aún le queda algo de **lucha**. Cuando ve que no le vas a hacer daño, empieza a calmarse ligeramente. Los dos os sentáis en silencio durante un rato mientras la niña intenta armarse de valor. Finalmente, habla y te cuenta su historia. Dice que se llama Sarah y que fue una de las últimas personas en abandonar el valle cuando todos los demás se marcharon. Sus padres habían muerto poco después de llegar aquí, por lo que Sarah estaba **sola** en este lugar.

Sarah dice que ha estado viviendo de la **tierra durante los** últimos años, pero que cada vez es más difícil encontrar **comida**. Estaba buscando bayas cuando te vio llegar y pensó que eras uno de los espíritus que rondan este lugar. Pero ahora que sabe que eres una persona como ella, ya no tiene tanto miedo. Los dos os sentáis y habláis un rato más, hasta que Sarah finalmente se queda dormida por **el cansancio**. Te quedas con Sarah durante toda la noche, vigilando por si alguno de los fantasmas vuelve.

Pytania sprawdzające rozumienie tekstu

1. Co to jest Dolina Dolnej Odry?

2. Co jest przekleństwem Doliny Dolnej Odry?

3. Kim był mściwy duch, który rzucił klątwę na dolinę?

4. Co się stało z roślinami, zwierzętami i ludźmi w dolinie?

5. Czy ktoś jeszcze mieszka w Dolinie Dolnej Odry?

6. Kim jest Sara?

7. Jak zginęli rodzice Sary?

8. Od jak dawna Sara mieszka w dolinie?

9. Co robiła Sara, gdy zobaczyła osobę, która się do niej zbliżała?

Preguntas de comprensión

1. ¿Qué es el Valle del Bajo Oder?

2. ¿Cuál es la maldición del Valle del Bajo Oder?

3. ¿Quién era el espíritu vengativo que maldijo el valle?

4. ¿Qué pasó con las plantas, los animales y las personas del valle?

5. ¿Hay alguien que siga viviendo en el Valle del Bajo Oder?

6. ¿Quién es Sarah?

7. ¿Cómo murieron los padres de Sara?

8. ¿Cuánto tiempo lleva Sarah viviendo en el valle?

9. ¿Qué estaba haciendo Sara cuando vio a la persona que se acercaba a ella?

Miasto Gdańsk

Gdańsk był kiedyś kwitnącą **metropolią**. Teraz jednak jest tylko cieniem dawnego siebie. Ulice są **puste,** a budynki się rozpadają. Nad miastem niczym koc unosi się niesamowita cisza. Ale w Gdańsku wciąż jest życie. W opuszczonych budynkach, w ukrytych zakątkach miasta mieszkają ludzie, którzy nie chcą się poddać. Trzymają się nadziei, że pewnego dnia Gdańsk znów powstanie i będzie tym wielkim miastem, którym był kiedyś. Jedną z takich osób jest Janusz Kowalski. Mieszka w Gdańsku całe życie i pamięta, jak to było, zanim wszystko się rozpadło. Teraz spędza dni, włócząc się po ulicach, zbierając **śmieci** i starając się utrzymać porządek. Nie jest to wiele, ale jest to coś, co może zrobić, aby pomóc swojemu **ukochanemu** miastu. Pewnego dnia Janusz był na swoim zwykłym obchodzie, kiedy usłyszał hałas dochodzący z jednego z opuszczonych budynków. Ostrożnie podszedł i **zajrzał do** środka. To, co zobaczył, zszokowało go. Tam mieszkali ludzie! Dzieci biegające wokół, kobiety gotujące przy **ognisku...** To było jak scena z innej epoki.

Janusz nie wiedział, co robić. Chciał pomóc tym ludziom, ale **bał się,** że narazi ich na kłopoty. W

La ciudad de Gdańsk

La ciudad de Gdańsk fue una vez una próspera
metrópolis. Pero ahora no es más que una sombra de
lo que fue. Las calles están **vacías** y los edificios se
desmoronan. Un inquietante silencio se cierne sobre la
ciudad como un manto. Pero aún hay vida en Gdańsk.
En los edificios abandonados, en los rincones ocultos
de la ciudad, hay personas que se han negado a
abandonar su hogar. Se aferran a la esperanza de que
un día Gdańsk se levante de nuevo y vuelva a ser la
gran ciudad que fue. Una de esas personas es Janusz
Kowalski. Ha vivido en Gdańsk toda su vida, y recuerda
cómo era antes de que todo se desmoronara. Ahora
se pasa los días vagando por las calles, recogiendo
la basura e intentando mantener el orden. No es
mucho, pero es algo que puede hacer para ayudar a
su **querida** ciudad. Un día, Janusz estaba haciendo su
ronda habitual cuando oyó un ruido procedente de uno
de los edificios abandonados. Se acercó con cautela
y se **asomó** al interior. Lo que vio le sorprendió. Había
gente viviendo allí. Niños corriendo, mujeres cocinando
en el **fuego...** era como una escena de otra época.

Janusz no sabía qué hacer. Quería ayudar a esas
personas, pero **temía** meterlas en problemas.

końcu zdecydował się pójść do władz i powiedzieć im o **lokatorach**. Czy na pewno będą w stanie im pomóc? Ale kiedy Janusz poszedł do władz, te tylko go wyśmiały i powiedziały, że nic nie mogą zrobić. Zniechęcony Janusz wrócił do **obozu dla lokatorów** i opowiedział im, co się stało. Ludzie podziękowali mu za jego wysiłki, ale powiedzieli, że są przyzwyczajeni do ignorowania przez władze. Od lat udawało im się przetrwać na własną rękę i w najbliższym czasie nigdzie się nie wybierają. Janusz był zdumiony **odpornością** tych ludzi. Mimo wszystko wciąż walczyli o to, by ułożyć sobie życie. Zaczął ich regularnie odwiedzać, przynosząc jedzenie i zapasy, kiedy tylko mógł. Z czasem poznał ich lepiej i zaczął podziwiać ich **siłę**. Wśród tych wszystkich gruzów i ruin stworzyli swoją małą **społeczność.** Troszczyli się o siebie nawzajem i pomagali sobie.

Janusz zdał sobie sprawę, że tego właśnie potrzebuje Gdańsk - więcej takich ludzi, którzy są gotowi pomóc w odbudowie miasta od podstaw. W końcu wieść o obozie dla squatterów się rozniosła i coraz więcej osób zaczęło tam **mieszkać**. Puste niegdyś budynki znów wypełniły się życiem. Powoli, ale nieuchronnie Gdańsk zaczynał wychodzić z mrocznych czasów. Obecnie Gdańsk znów jest **kwitnącą** metropolią. Ulice są pełne ludzi, a budynki zostały wyremontowane.

Finalmente, decidió ir a las autoridades y hablarles de los **ocupantes ilegales**. Seguro que podrían ayudarles. Pero cuando Janusz fue a las autoridades, se rieron de él y le dijeron que no podían hacer nada. Desanimado, Janusz volvió al **campamento de los** ocupantes ilegales y les contó lo que había pasado. Los habitantes le agradecieron sus esfuerzos, pero le dijeron que estaban acostumbrados a ser ignorados por el gobierno. Llevaban años sobreviviendo por su cuenta y no iban a ir a ninguna parte pronto. Janusz se sorprendió de la **resistencia** de estas personas. A pesar de todo, seguían luchando por ganarse la vida. Empezó a visitarlos con regularidad, llevándoles comida y suministros cuando podía. Con el tiempo, los conoció mejor y llegó a admirar su **fuerza**. Los ocupantes ilegales habían creado su propia **comunidad** en medio de los escombros y las ruinas. Se cuidaban unos a otros y se ayudaban mutuamente.

Janusz se dio cuenta de que eso era lo que necesitaba Gdańsk: más gente como ésta, dispuesta a ayudar a reconstruir la ciudad desde los cimientos. Con el tiempo, se corrió la voz sobre el campamento de okupas y cada vez más gente empezó a **vivir** allí. Los edificios, antes vacíos, volvieron a llenarse de vida. Poco a poco, Gdańsk empezaba a recuperarse de sus días oscuros. La ciudad de Gdańsk vuelve a ser una **próspera** metrópolis. Las calles están llenas de gente y los edificios han sido reparados.

Pytania sprawdzające rozumienie tekstu

1. Jak wygląda obecnie miasto Gdańsk?

2. Jak gdańszczanie czują się w swoim mieście?

3. Kim jest Janusz Kowalski?

4. Co zrobił Janusz, gdy zobaczył squattersów?

5. Dlaczego władze nie pomogły lokatorom?

6. Jak zareagowali mieszkańcy squatu, gdy Janusz powiedział im o władzach?

7. Co Janusz czuł wobec lokatorów?

8. Co zrobił Janusz, aby pomóc lokatorom?

9. Jak zmieniało się miasto Gdańsk na przestrzeni dziejów?

Preguntas de comprensión

1. Cómo es la ciudad de Gdańsk en la actualidad?

2. Qué sienten los habitantes de Gdańsk por su ciudad?

3. ¿Quién es Janusz Kowalski?

4. ¿Qué hizo Janusz cuando vio a los okupas?

5. ¿Por qué las autoridades no ayudaron a los ocupantes ilegales?

6. ¿Cómo reaccionaron los okupas cuando Janusz les habló de las autoridades?

7. ¿Qué opina Janusz de los okupas?

8. ¿Qué hizo Janusz para ayudar a los ocupantes ilegales?

9. Cómo ha cambiado la ciudad de Gdańsk a lo largo del tiempo?

Pierogi

To była ciemna i **burzliwa** noc. Pierożek, mały polski pierożek, trząsł się w swoim **łóżeczku** z liści kapusty. Został sam w zimnej, wilgotnej **piwnicy** i bardzo się bał. Nagle usłyszał kroki na schodach prowadzących w dół do piwnicy. Ktoś po niego szedł! Pierogi próbował schować się pod liście kapusty, ale było już za późno. Drzwi do piwnicy otworzyły się i wielka ręka chwyciła go za **kark**. Wyciągnięto go na światło dzienne i stanął twarzą w twarz z bardzo rozgniewaną kobietą. Kobieta krzyczała na Pierożka po polsku, domagając się odpowiedzi na pytanie, dlaczego ukrywa się w jej piwnicy. Pierogi wyjaśnił, że było mu **zimno,** był głodny i nie miał dokąd pójść. Serce kobiety nieco zmiękło, gdy zobaczyła, jak żałośnie wygląda ten mały pierożek, i postanowiła go przygarnąć. Kobieta nakarmiła Pierożka **gotowanymi** ziemniakami i marchewką, a następnie położyła go do łóżka obok własnych dzieci. Zasypiając, Pierogi myślał o tym, jakie miał szczęście, że ta miła kobieta przygarnęła go w tak ciemną i burzliwą noc.

Następnego ranka Pierogi obudził **śmiech**. Zerknął spod kołdry i zobaczył, że dzieci tej kobiety bawią się z nim. Ze starego **pudełka po butach** zrobiły dla niego małe łóżeczko i udawały, że karmią go kawałkami wymyślonego jedzenia. Pierogi był tak wzruszony

Pierogi

Era una noche oscura y **tormentosa**. Pierogi, la pequeña bola de masa polaca, temblaba en su **lecho** de hojas de col. Se había quedado solo en el frío y húmedo **sótano,** y tenía mucho miedo. De repente, oyó pasos en las escaleras que bajaban al sótano. Alguien venía a por él. Pierogi intentó esconderse bajo las hojas de col, pero llegó demasiado tarde. La puerta del sótano se abrió y una gran mano lo agarró por el **cuello**. Lo sacaron a la luz y se encontró cara a cara con una mujer de aspecto muy enfadado. La mujer le gritó a Pierogi en polaco, exigiendo saber por qué se había escondido en su sótano. Pierogi le explicó que tenía **frío** y hambre y que no tenía otro sitio donde ir. El corazón de la mujer se ablandó un poco al ver el aspecto patético del bollito y decidió acogerlo. La mujer le dio a Pierogi unas patatas y zanahorias **hervidas**, y luego lo metió en la cama junto a sus propios hijos. Mientras se dormía, Pierogi pensó en la suerte que había tenido aquella amable mujer al acogerlo en una noche tan oscura y tormentosa.

A la mañana siguiente, Pierogi se despertó con el sonido de **las risas**. Se asomó por debajo de las sábanas y vio que los hijos de la mujer estaban jugando con él. Le habían hecho una camita con una vieja **caja**

dobrocią kobiety i jej dzieci, że zaczął płakać. Dzieci przerwały **zabawę** i podeszły do Pierożka, aby go pocieszyć, delikatnie głaskały go po głowie, a on z powrotem zasnął. Kiedy Pierogi obudził się ponownie, był już dzień. Kobiety i jej dzieci już nie było, ale zostawili mu na śniadanie talerz z pierogami. Pierożek był tak szczęśliwy, że zjadł wszystkie, a potem z pełnym brzuchem i ciepłym **sercem** wrócił do snu. Pierogi mieszkał z kobietą i jej dziećmi przez wiele lat i zawsze był szczęśliwy. Nigdy nie zapomniał ciemnej i burzliwej nocy, kiedy po raz pierwszy został przygarnięty, i każdego dnia był wdzięczny za **dobroć** swojej nowej rodziny.

Pewnego dnia, gdy Pierogi były już bardzo stare i **siwe,** dzieci kobiety dorosły i wyprowadziły **się**. Kobieta również przygotowywała się do przeprowadzki, aby zamieszkać ze swoją córką w innym mieście. Przyszła pożegnać się z Pierogiem i mocno go **uścisnęła**. Pierogi patrzył, jak kobieta odjeżdża, a potem wrócił do **domu**. Bez niej czuł się bardzo pusty, ale Pierogi wiedział, że sobie **poradzi**. Miał wiele szczęśliwych wspomnień z czasów spędzonych ze swoją pierwszą rodziną i był pewien, że czeka go jeszcze wiele dobrych chwil. Pierogi przeżył resztę swoich dni w domu, otoczony wspomnieniami szczęśliwych chwil, które dzielił z kobietą i jej dziećmi.

de zapatos y fingían darle de comer trozos de comida imaginarios. Pierogi se sintió tan conmovido por la amabilidad de la mujer y sus hijos que se puso a llorar. Los niños dejaron de **jugar** y se acercaron a consolarle, dándole suaves palmaditas en la cabeza mientras volvía a llorar. Cuando Pierogi se despertó de nuevo, era de día. La mujer y sus hijos se habían ido, pero le habían dejado un plato de pierogi para desayunar. Pierogi estaba tan contento que se comió hasta el último y se volvió a dormir con la barriga llena y **el corazón** caliente. Pierogi vivió con la mujer y sus hijos durante muchos años, y siempre fue feliz. Nunca olvidó la noche oscura y tormentosa en la que lo acogieron por primera vez, y cada día agradecía la **amabilidad** de su nueva familia.

Un día, cuando Pierogi era muy viejo y **canoso**, los hijos de la mujer habían crecido y se habían **mudado**. La mujer se estaba preparando para mudarse también, para vivir con su hija en otra ciudad. Vino a despedirse de Pierogi y le dio un gran **abrazo**. Pierogi vio cómo la mujer se alejaba y volvió a entrar en la **casa**. Se sentía muy vacío sin ella, pero Pierogi sabía que estaría **bien**. Tenía muchos recuerdos felices del tiempo que pasó con su primera familia, y estaba seguro de que habría muchos más buenos momentos por delante. Pierogi vivió el resto de sus días en la casa, rodeado de recuerdos de los momentos felices que había compartido con la mujer y sus hijos.

Pytania sprawdzające rozumienie tekstu

1. Co robi Pierogi, gdy słyszy kroki schodzące do piwnicy?

2. Dlaczego kobieta była zła, gdy znalazła Pierogi w swojej piwnicy?

3. Co kobieta zrobiła dla Pierożka po tym, jak postanowiła go przygarnąć?

4. Jak czuł się Pierożek, gdy obudził się na dźwięk śmiechu?

5. Dlaczego Pierogi był wdzięczny swojej nowej rodzinie?

6. Kiedy Pierogi ponownie spotyka się z kobietą po jej wyprowadzce?

7. Co robi Pierogi, gdy kobieta przychodzi się pożegnać?

8. Jak się czuje Pierogi po wyjściu kobiety?

9. Co Pierogi robi z resztą swoich dni?

Preguntas de comprensión

1. ¿Qué hace Pierogi cuando oye pasos que bajan al sótano?

2. ¿Por qué se enfadó la mujer cuando encontró Pierogi en su sótano?

3. ¿Qué hizo la mujer por Pierogi cuando decidió acogerlo?

4. ¿Cómo se sintió Pierogi cuando se despertó con el sonido de la risa?

5. ¿Por qué estaba Pierogi agradecido a su nueva familia?

6. ¿Cuándo vuelve a ver Pierogi a la mujer después de que ésta se aleje?

7. ¿Qué hace Pierogi cuando la mujer viene a despedirse?

8. ¿Cómo se siente Pierogi cuando la mujer se va?

9. ¿Qué hace Pierogi con el resto de sus días?

Solidarność

Na początku lat 80. w Polsce panował **chaos**. Po II wojnie światowej Związek Radziecki ustanowił w Polsce rząd komunistyczny, a ludzie byli **zmęczeni** uciskiem. Chcieli zmian. W sierpniu 1980 r. robotnicy w Stoczni Gdańskiej rozpoczęli strajk, protestując przeciwko warunkom pracy i niskim płacom. Lech Wałęsa, **elektryk w** stoczni, stał się przywódcą strajkujących. Pomógł on wynegocjować porozumienie z dyrekcją, które przewidywało podwyżki i poprawę warunków pracy. Wydarzenie to zapoczątkowało ogólnokrajowy ruch na rzecz reform, znany jako Solidarność. Przez ponad rok Solidarność walczyła o demokrację i prawa człowieka w Polsce. W grudniu 1981 r. rząd wprowadził stan wojenny, próbując w ten sposób **zdławić** ruch. Jednak Solidarność kontynuowała pokojową walkę o **reformy** przez całe lata 80., aż w końcu osiągnęła sukces w 1989 r., kiedy w całej Europie Wschodniej upadł komunizm. Był gorący letni dzień w Gdańsku, a stoczniowcy pocili się podczas pracy. Lech Wałęsa, elektryk, pracował na **suwnicy,** gdy usłyszał krzyki dochodzące z drugiej strony stoczni. Zszedł na dół, żeby zobaczyć, co się dzieje.

Grupa robotników zebrała się wokół brygadzisty, który krzyczał na nich. Brygadzista żądał, aby

Solidarność

Eran los primeros años de la década de 1980 en Polonia, y el país estaba en estado de **agitación**. La Unión Soviética había instalado un gobierno comunista en Polonia después de la Segunda Guerra Mundial, y la gente estaba **cansada** de ser oprimida. Querían un cambio. En agosto de 1980, los trabajadores de los astilleros de Gdańsk se pusieron en huelga para protestar por las condiciones de trabajo y los bajos salarios. Lech Wałęsa, **electricista** del astillero, se convirtió en el líder de los huelguistas. Ayudó a negociar un acuerdo con la dirección que incluía aumentos y mejores condiciones de trabajo. Este acontecimiento desencadenó un movimiento nacional de reforma conocido como Solidarność (Solidaridad). Durante más de un año, Solidaridad luchó por la democracia y los derechos humanos en Polonia. En diciembre de 1981, el gobierno impuso la ley marcial en un intento de **aplastar** el movimiento. Sin embargo, Solidaridad siguió luchando pacíficamente por **las reformas a** lo largo de la década de 1980, hasta que finalmente logró el éxito en 1989, cuando el comunismo se derrumbó en toda Europa del Este. Era un caluroso día de verano en Gdańsk y los trabajadores de los astilleros sudaban mientras trabajaban. Lech Wałęsa, un electricista, estaba trabajando en una **grúa** cuando

wrócili do pracy, bo w przeciwnym razie odbierze im wynagrodzenie. Robotnicy byli wściekli i nie chcieli **ustąpić**. Wałęsa wystąpił do przodu i zapytał brygadzistę, co się dzieje. Brygadzista powiedział mu, że kierownictwo postanowiło obniżyć płace o 10 procent we **wszystkich zakładach**. Wałęsa nie mógł w to uwierzyć! Wiedział, że pracownicy nie mogą sobie pozwolić na kolejną obniżkę płac - wielu z nich już teraz walczy o przetrwanie. Wałęsa zwołał **zebranie pracowników,** a ci postanowili rozpocząć **strajk**. Wyznaczyli linie pikiet i zaczęli rozprzestrzeniać się po innych stoczniach w całej Polsce. Wkrótce strajki wybuchały w całym kraju. Rząd zareagował, wysyłając policję i **żołnierzy,** aby rozbić protesty. Jednak ludzie nie dali się uciszyć. Nie ustawali w walce o swoje prawa, nawet jeśli oznaczało to narażenie się na **przemoc** ze strony rządzących.

oyó gritos procedentes del otro lado del astillero. Se bajó para ver qué pasaba.

Un grupo de trabajadores se reúne en torno a un capataz que les grita. El capataz les exigía que volvieran al trabajo o les descontaría la paga. Los trabajadores estaban enfadados y se negaban a **ceder**. Wałęsa se adelantó y preguntó al capataz qué estaba pasando. El capataz le dijo que la dirección había decidido recortar los salarios en un 10% de **forma generalizada**. ¡Wałęsa no podía creerlo! Sabía que los trabajadores no podían permitirse otro recorte salarial; muchos ya estaban luchando por salir adelante. Wałęsa convocó una **reunión** de los trabajadores y estos decidieron ir a la **huelga**. Montaron piquetes y empezaron a correr la voz en otros astilleros de Polonia. Pronto estallaron huelgas en todo el país. El gobierno respondió enviando a la policía y a **los soldados** para disolver las protestas. Sin embargo, la gente no se dejó silenciar. Siguieron luchando por sus derechos, incluso cuando eso significaba enfrentarse a **la violencia** de los gobernantes.

Pytania sprawdzające rozumienie tekstu

1. Jak nazywał się ruch, który walczył o demokrację i prawa człowieka w Polsce?

2. W którym roku zaczęto wprowadzać stan wojenny, próbując zdławić ruch?

3. Kto stał na czele ruchu "Solidarność"?

4. Przeciwko czemu protestowali robotnicy, podejmując strajk?

5. Dlaczego w odpowiedzi rząd wysłał policję i żołnierzy w celu rozbicia protestów?

6. Jakie porozumienie pomógł wynegocjować Lech Wałęsa z kierownictwem?

7. O co walczył naród polski?

Preguntas de comprensión

1. ¿Cómo se llamaba el movimiento que luchaba por la democracia y los derechos humanos en Polonia?

2. ¿En qué año se empezó a imponer la ley marcial para intentar aplastar el movimiento?

3. ¿Quién era el líder del movimiento Solidaridad?

4. ¿Por qué protestaban los trabajadores cuando se pusieron en huelga?

5. ¿Por qué el gobierno respondió enviando policías y soldados para disolver las protestas?

6. Qué acuerdo ayudó a negociar Lech Wałęsa con la dirección?

7. ¿Por qué luchaba el pueblo polaco?

Kraków

Kraków był kiedyś tętniącym życiem miastem, pełnym życia i **energii**. Teraz jednak jest cieniem dawnego siebie. Ulice są puste, budynki **się rozpadają**, a jedynym dźwiękiem jest wiatr hulający po opustoszałych ulicach. Nie zawsze tak było. Jeszcze kilka lat temu Kraków kwitł. Ale potem przyszła **wojna**. A wraz z nią śmierć i zniszczenie. Miasto zostało zbombardowane bezlitośnie, aż pozostały po nim tylko gruzy i popiół. Teraz jest to miasto duchów, pamiątka po tym, co było kiedyś. Ale są jeszcze ludzie, którzy nie chcą się poddać. Wciąż żyją w ruinach, zdecydowani odbudować swoje miasto i sprawić, by znów kwitło. Jedną z takich osób jest Janina. **Urodziła** się i wychowała w Krakowie, i kocha swoje miasto całym sercem. Każdego dnia niestrudzenie pracuje przy usuwaniu **gruzów** i naprawianiu tego, co da się naprawić. To **powolny** proces, ale nie przeszkadza jej to, bo wie, że pewnego dnia Kraków znów powstanie.

Pewnego dnia Janina pracuje przy oczyszczaniu fragmentu ulicy, gdy słyszy **hałas**. Rozgląda się, ale nikogo tam nie ma. Wzrusza ramionami i wraca do pracy, ale hałas jest coraz głośniejszy. W końcu nie wytrzymuje, musi zobaczyć, co to za dźwięk. Podąża za hałasem, aż dociera do małego **otworu** w ziemi.

Cracovia

Cracovia fue una vez una ciudad bulliciosa, llena de vida y **energía**. Pero ahora es una sombra de lo que fue. Las calles están vacías, los edificios **se desmoronan** y el único sonido es el del viento que sopla por las calles desiertas. No siempre fue así. Hace sólo unos años, Cracovia era próspera. Pero entonces llegó la **guerra**. Y con ella, la muerte y la destrucción. La ciudad fue bombardeada sin piedad hasta que no quedaron más que escombros y cenizas. Ahora es una ciudad fantasma, un recuerdo de lo que fue. Pero todavía hay gente que se niega a renunciar a Cracovia. Siguen viviendo en las ruinas, decididos a reconstruir su ciudad y hacerla prosperar de nuevo. Una de estas personas es Janina. **Nació** y creció en Cracovia, y ama su ciudad con todo su corazón. Todos los días trabaja incansablemente para limpiar los **escombros** y reparar lo que se puede reparar. Es un proceso **lento**, pero a ella no le importa porque sabe que un día Cracovia volverá a levantarse.

Un día, Janina está trabajando en la limpieza de un tramo de la calle cuando oye un **ruido**. Mira a su alrededor, pero no hay nadie. Se encoge de hombros y vuelve a trabajar, pero el ruido es cada vez más fuerte. Finalmente, no puede aguantar más; tiene que

Wygląda to jak jakiś tunel. I wtedy słyszy go ponownie: słaby **głos** wołający o pomoc. Janina bez wahania schodzi w głąb tunelu. Jest ciemny, ciasny, pełen zakrętów i zawijasów. Ale nie zatrzymuje się, bo ktoś potrzebuje jej pomocy. Po godzinach czołgania się w ciemnościach Janina dociera w końcu do małej komory, w której uwięziona jest **osoba.** Jest ranna i odwodniona, ale żyje. Z pomocą Janiny udaje im się wydostać z tunelu i wrócić do miasta. "Myśleliśmy, że wszyscy nas opuścili - mówią słabo - ale wy wróciliście po nas". Ale wy wróciliście po nas." "Nigdy nie mogłabym opuścić swojego domu" - odpowiada z uśmiechem Janina. I od tej **chwili** wie, że Kraków nigdy nie będzie naprawdę stracony, dopóki są ludzie, którym zależy na nim na **tyle,** by walczyć o jego przetrwanie.

Obecnie Kraków powoli, ale nieubłaganie wraca do życia. Janina i inni **mieszkańcy** niestrudzenie pracowali nad jego **odbudową,** a ich wysiłki wreszcie zaczynają przynosić efekty. Miasto nadal jest dalekie od tego, czym było kiedyś, ale nie jest już miastem duchów. Znów mieszkają tu ludzie, a firmy zaczynają się otwierać. Przed nami długa **droga,** ale Janina wie, że dzięki niej Kraków znów będzie **tętnił życiem.** Janina pracuje nad nowym projektem, który ma pomóc w rewitalizacji miasta.

ver qué está haciendo ese ruido. Sigue el ruido hasta llegar a una pequeña **abertura** en el suelo. Parece una especie de túnel. Y entonces vuelve a oírlo: una débil **voz** pidiendo ayuda. Sin dudarlo, Janina baja al túnel. Es oscuro y estrecho, y está lleno de recovecos. Pero no se detiene porque alguien necesita su ayuda. Después de lo que parecen horas de arrastrarse por la oscuridad, Janina finalmente llega a una pequeña cámara donde la **persona** está atrapada. Está herida y deshidratada, pero está viva. Con la ayuda de Janina, consiguen salir del túnel y volver a la ciudad. "Creíamos que todos nos habían abandonado", dicen débilmente. Pero tú volviste por nosotros". "Nunca podría abandonar mi hogar", responde Janina con una sonrisa. Y a partir de ese **momento**, sabe que Cracovia nunca estará realmente perdida mientras haya gente que se preocupe por ella **lo suficiente como** para luchar por su supervivencia.

Estos días, Cracovia está volviendo a la vida de forma lenta pero segura. Janina y los demás **residentes** han trabajado incansablemente para reconstruirla, y sus esfuerzos están empezando a dar sus frutos. La ciudad aún está lejos de ser lo que era, pero ya no es una ciudad fantasma. Vuelve a haber gente viviendo aquí, y los negocios empiezan a abrirse. El **camino es** largo, pero Janina sabe que con el tiempo Cracovia volverá a **prosperar**. Janina está trabajando en un nuevo proyecto para ayudar a revitalizar la ciudad.

Pytania sprawdzające rozumienie tekstu

1. Jak wyglądał Kraków przed wojną?

2. Jak wojna wpłynęła na Kraków?

3. Kim jest Janina?

4. Jaki jest cel Janiny?

5. Co robi Janina, gdy słyszy hałas?

6. Skąd dochodzi hałas?

7. Kto jest uwięziony w tunelu?

8. Co Janina sądzi o przyszłości Krakowa?

9. Jaki jest nowy projekt Janiny?

Preguntas de comprensión

1. ¿Cómo era Cracovia antes de la guerra?

2. ¿Cómo afectó la guerra a Cracovia?

3. ¿Quién es Janina?

4. ¿Cuál es el objetivo de Janina?

5. ¿Qué hace Janina cuando oye un ruido?

6. ¿De dónde viene el ruido?

7. ¿Quién está atrapado en el túnel?

8. ¿Qué opina Janina del futuro de Cracovia?

9. ¿Cuál es el nuevo proyecto de Janina?

Na plaży

Po wschodzie słońca fale są głośniejsze, a piasek nad odpływem jest biały. Schodzę na plażę, **podziwiając** morze i słońce. Moje palce czują żłobienia muszelek. Piasek jest zimny na moich palcach. Uśmiecham się i idę dalej. Przypływ jest duży, więc muszę uważać, żeby nie dać się wciągnąć. Idę wzdłuż brzegu wody, podziwiając morze. Wschód słońca jest **piękny**, a fale rozbijają się o brzeg. Czuję się tak spokojnie. Dochodzę do miejsca, gdzie znajduje się wychodnia skalna. Siadam i patrzę na fale. Woda jest taka niebieska, a niebo takie **pomarańczowe**. Czuję się jak we śnie. Zamykam oczy i wsłuchuję się w szum fal. Siedziałem tam długo, aż usłyszałem, że ktoś woła moje imię.

Otwieram oczy i widzę mamę, która idzie w moją stronę. Ma zmartwiony wyraz twarzy. Uśmiecham się i macham, a ona się **rozluźnia**. "Zastanawiałam się, dokąd poszedłeś" - mówi. "Cieszę się, że dobrze się bawisz na plaży". Odpowiadam: "Tak." "Jest tu tak pięknie." "Wiem," mówi. "Kiedy byłam w twoim wieku, ciągle tu przyjeżdżałam". "Naprawdę?" pytam. "Tak" - odpowiada. "To wyjątkowe miejsce." "Czy spotkałaś tu kiedyś kogoś wyjątkowego?" pytam. "Tak" - odpowiada z uśmiechem. "Twojego ojca." "Naprawdę?" mówię **zaskoczony**. "Tak," mówi. "Przychodziliśmy tu razem

En la playa

Después del amanecer, las olas son más fuertes y la arena sobre la marea es blanca. Bajo a la playa, **admirando** el mar y el sol. Mis dedos sienten los surcos de las conchas. La arena está fría en mis dedos. Sonrío y sigo adelante. La marea está alta, así que tengo que tener cuidado de que no me arrastre. Camino por la orilla del agua, admirando el mar. El amanecer es **precioso** y las olas rompen. Me siento muy tranquila. Llego a un lugar donde hay un afloramiento de roca. Me siento y observo las olas. El agua es tan azul y el cielo tan **naranja**. Me siento como en un sueño. Cierro los ojos y sólo escucho las olas. Me siento allí durante mucho tiempo, hasta que oigo que alguien me llama por mi nombre.

Abro los ojos y veo a mi madre caminando hacia mí. Tiene una mirada de preocupación. Sonrío y la saludo con la mano, y se **relaja**. "Me preguntaba adónde habías ido", dice. "Me alegro de que estés disfrutando de la playa". Le respondo: "Sí". "Esto es muy bonito". "Lo sé", dice ella. "Yo solía venir aquí todo el tiempo cuando tenía tu edad". "¿De verdad?" Pregunto. "Sí", responde. "Es un lugar especial". "¿Has conocido a alguien especial aquí?" le pregunto. "Sí", responde con una sonrisa. "A tu padre". "¿De verdad?" Digo,

przez cały czas. Tu się zakochaliśmy. "Uśmiecham się, **wyobrażając sobie, jak** moi rodzice zakochują się na tej pięknej plaży. "To wyjątkowe miejsce" - powtarza. "Cieszę się, że tu dziś przyjechaliście".

Siedzimy tam jeszcze przez chwilę, **obserwując** fale i zachód słońca. Potem wstajemy i wracamy do naszych plażowych ręczników. Ja kładę się i patrzę w gwiazdy. Czuję się taka szczęśliwa i zadowolona. Fale są teraz głośniejsze, a piasek zimny. Słońce zachodzi i wieje chłodna bryza. Fale rozbijają się o brzeg, a w powietrzu unosi się zapach soli. To idealny wieczór na plażę. Spaceruję wzdłuż brzegu, **wsłuchując się w** szum fal i obserwując zachód słońca. Widzę grupę ludzi siedzących na piasku, śmiejących się i żartujących. Wygląda na to, że świetnie się bawią. Podchodzę do nich i pytam, czy mogę do nich dołączyć. Zgodzili się i spędziliśmy resztę wieczoru, rozmawiając, śmiejąc się i oglądając zachód **słońca**. To jest doskonały wieczór. Razem z grupą rozmawiamy aż do zachodu słońca. Dzielimy się opowieściami i żartami, wszyscy świetnie się bawimy. Gdy noc zaczyna zapadać, wszyscy zaczynamy odczuwać zmęczenie. Całujemy się na **pożegnanie** i rozstajemy. Wracam do hotelu, czuję się szczęśliwa i zadowolona. Nie mogę uwierzyć, jak pięknie tu jest. Jestem szczęśliwa, że mogłam tego **doświadczyć**.

sorprendido. "Sí", dice ella. "Solíamos venir aquí siempre juntos. Es donde nos enamoramos". "Sonrío, **imaginando a** mis padres enamorándose en esta hermosa playa. "Es un lugar especial", repite. "Me alegro de que hayas venido hoy".

Nos quedamos sentados un rato más, **mirando** las olas y la puesta de sol. Luego nos levantamos y volvemos a nuestras toallas de playa. Me tumbo y miro las estrellas. Me siento muy feliz y contenta. Las olas son más fuertes y la arena está fría. El sol se pone y sopla una brisa fresca. Las olas chocan contra la orilla y el aire huele a sal. Es una tarde perfecta para estar en la playa. Estoy caminando por la orilla, **escuchando el** sonido de las olas y viendo la puesta de sol. Veo a un grupo de personas sentadas en la arena, riendo y bromeando. Parece que se lo están pasando muy bien. Me acerco a ellos y les pregunto si puedo unirme a ellos. Me dicen que sí y pasamos el resto de la tarde hablando, riendo y viendo la **puesta de sol**. Es una noche perfecta. El grupo y yo hablamos hasta que se pone el sol. Compartimos anécdotas y bromas, y nos lo pasamos muy bien. Cuando la noche empieza a caer, todos empezamos a sentirnos cansados. Nos **despedimos** con un beso y nos separamos. Vuelvo a mi hotel, feliz y contento. No puedo creer lo bonito que es esto. Tengo mucha suerte de haberlo **vivido**.

Pytania sprawdzające rozumienie tekstu

1. Dokąd udaje się narratorka po przebudzeniu?

2. Czym zachwyca się narratorka, spacerując po plaży?

3. Na co musi uważać narratorka podczas spaceru po plaży?

4. Gdzie siada narrator, aby podziwiać widok?

5. Jak długo narrator tam siedzi?

6. Kogo widzi narratorka, gdy ponownie otwiera oczy?

7. Co mówi matka narratora?

Preguntas de comprensión

1. ¿Dónde va la narradora después de despertar?

2. ¿Qué admira la narradora mientras camina por la playa?

3. ¿Qué tiene que vigilar la narradora mientras camina por la playa?

4. ¿Dónde se sienta la narradora para disfrutar de la vista?

5. ¿Cuánto tiempo permanece la narradora sentada allí?

6. ¿A quién ve la narradora cuando vuelve a abrir los ojos?

7. ¿Qué dice la madre de la narradora?

Kemping nad jeziorem

Idę w stronę jeziora, **podziwiając** spokój tego miejsca. Słońce świeci nad małym jeziorem, sprawiając, że woda wygląda jak tafla szkła. Jedynym ruchem jest sporadyczne falowanie ryby **przełamującej** powierzchnię. Nawet ptaki wydają się odpoczywać od upału, a powietrze wypełnia jedynie dźwięk cykad. **Nagle** spokój przerywa głośny plusk. Duża **ryba** wyskakuje z wody, próbując złapać ważkę. Ryba nie trafia w cel i z pluskiem wpada z powrotem do wody. "Wow", myślę sobie, "to była duża ryba!". Rozejrzałem się, czy nikt inny jej nie widział, ale nikogo nie było w pobliżu. Chyba będę musiał im o tym powiedzieć po powrocie do obozu".

Upał jest **uciążliwy**, trudno oddychać. Powietrze jest gęste i ciężkie, jak owinięty wokół ciebie koc. Jedyną ulgę przynosi woda. Jest chłodna i orzeźwiająca, jak zimny napój w upalny dzień. Biorę głęboki oddech i zanurzam się w wodzie. Ulga jest natychmiastowa, bo otacza mnie chłodna woda. Płynę do dna, a potem wypływam na powierzchnię, czując, jak woda chłodzi moje ciało. Kontynuuję **pływanie**, ciesząc się chwilą wytchnienia od upału. Po pewnym czasie wychodzę z wody i kładę się na trawie, pozwalając, aby słońce

Acampada en el lago

Camino hacia el lago, **admirando la** tranquilidad de la escena. El sol golpea el pequeño lago, haciendo que el agua parezca una lámina de cristal. El único movimiento es el de los peces que **rompen** la superficie. Incluso los pájaros parecen descansar del calor, y sólo el sonido de las cigarras llena el aire. **De repente, la** paz se rompe con un fuerte chapoteo. Un gran **pez** ha saltado fuera del agua, intentando atrapar una libélula. El pez no alcanza su objetivo y cae de nuevo al agua con un chapoteo. "¡Vaya!", pienso para mis adentros, "¡ese era un pez grande!". Miro a mi alrededor para ver si alguien más lo ha visto, pero no hay nadie. Supongo que tendré que contarlo cuando vuelva al campamento.

El calor es **agobiante** y dificulta la respiración. El aire es espeso y pesado, como una manta que te envuelve. El único alivio es el agua. Es fresca y refrescante, como una bebida fría en un día caluroso. Respiro profundamente y me sumerjo en el agua. El alivio es inmediato cuando el agua fresca me rodea. Nado hasta el fondo y luego vuelvo a la superficie, sintiendo que el agua refresca mi cuerpo. Sigo **nadando**, disfrutando del respiro del calor. Después de un rato, salgo del agua y me tumbo en la hierba, dejando que el sol me

osuszyło moje ciało. Zamykam oczy i odpływam w sen, a dźwięk **cykad wprowadza** mnie w głęboki sen. Pozwalam słońcu wypalić wodę z mojej skóry. Czuję, że moja skóra robi się czerwona, ale nie dbam o to. Jest mi zbyt gorąco, by się tym przejmować. Następną rzeczą, jaką pamiętam, jest zachodzące słońce. Niebo ma piękny pomarańczowy kolor ze smugami różu i fioletu. Upał zniknął, zastąpiony przez chłodną **bryzę**.

Wstaję i zakładam ubranie, czuję się odświeżona i odmłodzona. Biorę głęboki **wdech** chłodnego powietrza i uśmiecham się. Dobrze jest być żywym. Wracam do obozowiska, podziwiając, jak kolory tańczą na niebie. W oddali widzę płonące ognisko, a w powietrzu czuję zapach dymu. Uśmiecham się i **przyspieszam** kroku. Jestem gotowa, by się zrelaksować i cieszyć się resztą wieczoru. Wchodzę na kemping i widzę, że wszyscy zgromadzili się wokół ogniska. **Śmieją** się i żartują, a w ich oczach odbija się ogień. Uśmiecham się i siadam obok moich przyjaciół. Dobrze jest być z powrotem. Następnego ranka budzę się wcześnie i zaczynam pakować swoje rzeczy. Nie mogę się doczekać powrotu na szlak i kontynuowania podróży. Żegnam się z przyjaciółmi i ruszam w drogę. Idąc, po raz ostatni spoglądam na **kemping**. W oddali widzę wciąż płonące ognisko, a w powietrzu czuć zapach dymu. Uśmiecham się i przyspieszam kroku. Jestem gotowy do dalszej **wędrówki**.

seque el cuerpo. Cierro los ojos y me duermo, el sonido de las **cigarras** me arrulla en un profundo sueño. Dejo que el sol me quite el agua de la piel. Siento que mi piel se pone roja, pero no me importa. Lo siguiente que sé es que el sol se está poniendo. El cielo es de un hermoso color naranja, con vetas de color rosa y púrpura. El calor ha desaparecido y ha sido sustituido por una **brisa** fresca.

Me levanto y me vuelvo a poner la ropa, sintiéndome renovada y rejuvenecida. **Respiro** profundamente el aire fresco y sonrío. Se siente bien estar vivo. Vuelvo al campamento, admirando la forma en que los colores bailan en el cielo. Veo la hoguera que arde a lo lejos y huelo el humo en el aire. Sonrío y **acelero el** paso. Estoy lista para relajarme y disfrutar del resto de la noche. Entro en el campamento y veo que todos están reunidos alrededor del fuego. **Ríen** y bromean, y puedo ver el fuego reflejado en sus ojos. Sonrío y me siento junto a mis amigos. Es bueno estar de vuelta. A la mañana siguiente, me despierto temprano y empiezo a recoger mis cosas. Estoy ansioso por volver a la ruta y continuar mi viaje. Me despido de mis amigos y empiezo a caminar. Mientras camino, echo un último vistazo al **campamento**. Veo que el fuego sigue ardiendo a lo lejos y puedo oler el humo en el aire. Sonrío y acelero el paso. Estoy listo para continuar mi **viaje**.

Pytania sprawdzające rozumienie tekstu

1. Dokąd zmierza piechur?

2. Jaka jest pogoda?

3. Jak wygląda woda?

4. Jak piechur reaguje na ciepło?

5. Co robi ryba?

6. Dlaczego spacerowicz jest sam?

7. Jakie wrażenie robi woda?

8. Jak się czuje piechur po pływaniu?

9. O jakiej porze dnia budzi się piechur?

Preguntas de comprensión

1. ¿Dónde va el caminante?

2. ¿Qué tiempo hace?

3. ¿Qué aspecto tiene el agua?

4. ¿Cómo reacciona el caminante al calor?

5. ¿Qué hace el pez?

6. ¿Por qué el caminante está solo?

7. ¿Cómo se siente el agua?

8. ¿Cómo se siente el caminante después de nadar?

9. ¿A qué hora del día se despierta el caminante?

Dom

W zeszłym tygodniu wprowadziłam się do nowego domu i jestem taka **podekscytowana**! Jest o wiele większy niż mój stary i ma duże podwórko. Nie mogę się doczekać, kiedy będę mogła zapraszać przyjaciół na grilla i imprezy. Moją **ulubioną** częścią jest moja nowa sypialnia. Jest taka duża i jasna, a ja mam w niej dużo miejsca na swoje rzeczy. Jestem bardzo zadowolona z mojego nowego domu i myślę, że będę tu bardzo szczęśliwa. Postanowiłem jeszcze trochę pozwiedzać dom. Weszłam na drugie piętro i zaczęłam iść do kuchni, kiedy zobaczyłam wielkiego czarnego pająka na ścianie! Krzyknęłam i zbiegłam na dół. Tak bardzo się **bałam**! Ale po kilku minutach uspokoiłem się i postanowiłem wrócić na górę. Powoli dotarłem do kuchni i zobaczyłem, że pająka już nie ma. Bardzo mi ulżyło! Wróciłem na dół i postanowiłem wyjść na zewnątrz, aby zbadać **podwórko**. Był taki duży! Nie mogłem w to uwierzyć. W rogu widziałem huśtawkę i zjeżdżalnię. Zobaczyłem też siatkę do koszykówki i **trampolinę**. Byłem taki podekscytowany!

Nie mogę się doczekać, kiedy użyję tych wszystkich nowych rzeczy. **Sąsiedzi** przyszli i przedstawili się. Wydawali się bardzo mili i przez chwilę rozmawialiśmy. Zaprosili mnie na grilla w następny weekend, a ja powiedziałam, że z przyjemnością przyjdę.

La Casa

Me mudé a mi nueva casa la semana pasada y estoy muy **emocionada**. Es mucho más grande que la anterior y tiene un gran patio trasero. Me muero de ganas de tener amigos para hacer barbacoas y fiestas. Mi parte **favorita** es mi nuevo dormitorio. Es muy grande y luminosa, y tengo mucho espacio para poner todas mis cosas. Estoy muy contenta con mi nueva casa y creo que seré muy feliz aquí. Decidí explorar la casa un poco más. Subí al segundo piso y empecé a dirigirme a la cocina cuando vi una gran araña negra en la pared. Grité y corrí escaleras abajo. Estaba muy **asustada**. Pero después de unos minutos, me calmé y decidí volver a subir. Me dirigí lentamente a la cocina y vi que la araña había desaparecido. Me sentí muy aliviada. Volví a bajar las escaleras y decidí salir a explorar el **patio trasero**. Era tan grande. No me lo podía creer. Vi un columpio en la esquina y un tobogán. También vi una red de baloncesto y una **cama elástica**. Estaba muy emocionada.

No puedo esperar a usar todas estas cosas nuevas. Los **vecinos** vinieron y se presentaron. Parecían muy simpáticos y estuvimos hablando un rato. Me invitaron a su barbacoa el próximo fin de semana y les dije que me encantaría ir. He pasado una primera semana estupenda en mi nueva casa, y estoy entusiasmada

Pierwszy tydzień w nowym domu był wspaniały i jestem podekscytowana nowymi przygodami, które mnie czekają. Dziś znów zamierzam poszperać na podwórku i zobaczyć, co jeszcze uda mi się znaleźć. Kto wie, może nawet znajdę jakiś **skarb**. Nie mogę się doczekać, co przyniesie następny tydzień! W następnym tygodniu znów poszedłem na podwórko i znalazłem **tajemniczy** ogród. Był taki piękny! Wszędzie były kwiaty i mały staw z rybkami. Zobaczyłam też huśtawkę, której wcześniej nie widziałam. Byłem bardzo podekscytowany, że znalazłem ten tajemniczy ogród i nie mogę się doczekać, aby go jeszcze odkryć. To było takie **piękne**!

Wszędzie były kwiaty i mały staw z rybkami. Zobaczyłam też **huśtawkę,** której wcześniej nie widziałam. Byłem bardzo podekscytowany, że znalazłem ten tajemniczy ogród i nie mogę się doczekać, aby go jeszcze odkryć. Bardzo podobał mi się mój nowy pokój. Był taki duży i jasny, a na ścianach wisiały już plakaty moich ulubionych zespołów. Nie musiałam nawet przynosić żadnych **mebli**, ponieważ było tam już łóżko, komoda i biurko. To będzie najlepszy rok w moim życiu! Trochę się denerwowałam, że zaczynam naukę w nowej **szkole,** ale wszyscy moi nowi sąsiedzi są bardzo przyjaźni. Poznałam nawet dziewczynę, która mieszka obok, i powiedziała, że pierwszego dnia pójdzie ze mną do szkoły na piechotę.

con todas las nuevas aventuras que me esperan. Hoy voy a ir a explorar de nuevo en el patio trasero y ver qué más puedo encontrar. Quién sabe, quizá encuentre algún **tesoro**. Estoy deseando ver lo que me depara la próxima semana. A la semana siguiente, volví a explorar el patio trasero y encontré un jardín secreto. Era muy bonito. Había flores por todas partes y un pequeño estanque con peces. También vi un columpio que no había visto antes. Estaba muy emocionada por haber encontrado este jardín secreto, y no puedo esperar a explorarlo más. Era muy **bonito**.

Había flores por todas partes y un pequeño estanque con peces. También vi un **columpio** que no había visto antes. Me emocionó mucho encontrar este jardín secreto y estoy deseando explorarlo más. También me encantó mi nueva habitación. Era tan grande y luminosa, y ya había pósters de mis grupos favoritos en las paredes. Ni siquiera tuve que traer mis propios **muebles** porque ya había una cama, una cómoda y un escritorio. ¡Este va a ser el mejor año de todos! Estaba un poco nerviosa por empezar en una nueva **escuela**, pero todos mis nuevos vecinos han sido muy amables. Incluso he conocido a una chica que vive en la puerta de al lado y dice que me acompañará al colegio el primer día.

Pytania sprawdzające rozumienie tekstu

1. Gdzie mieszka dana osoba?

2. Jak osobie podoba się w nowym domu?

3. Jaka jest ulubiona część nowego domu?

4. Co osoba znalazła w ogrodzie?

5. Kim są sąsiedzi?

6. Jak wyglądały pierwsze dni osoby w nowym domu?

7. Jaka jest ulubiona część nowego pokoju?

8. Co dana osoba planuje robić jutro?

Preguntas de comprensión

1. ¿Dónde vive la persona?

2. ¿Qué le parece a la persona la nueva casa?

3. ¿Cuál es la parte favorita de la persona en la nueva casa?

4. ¿Qué encontró la persona en el jardín?

5. ¿Quiénes son los vecinos?

6. ¿Cómo fueron los primeros días de la persona en la nueva casa?

7. ¿Cuál es la parte favorita de la persona en la nueva habitación?

8. ¿Qué piensa hacer la persona mañana?

W pociągu

Pobiegłem na dworzec kolejowy, ale było za
późno. Pociąg odjechał już beze mnie. Byłam **zła** i
rozczarowana sobą. Planowałam pojechać pociągiem,
aby odwiedzić dziadków, którzy mieszkają na wsi,
ale teraz musiałam czekać całą godzinę na następny
pociąg. Zamiast tego postanowiłem przejść się trochę
po mieście i spróbować zapomnieć o straconej szansie.
Podczas spaceru zacząłem **marzyć** o wszystkich
miejscach, do których mogą zabrać nas **pociągi**. Nagle
przestałem się tak bardzo denerwować. Wracam na
stację i nie mogę nie zauważyć dużej czerwono-biało-
niebieskiej lokomotywy, która zmierza w moją stronę.
Dopiero gdy widzę **konduktora** machającego do mnie z
okna, uświadamiam sobie, że ten pociąg jest dla mnie.
Wsiadam do pociągu, zajmuję miejsce i czekam na to,
co zapowiada się na długą podróż.

Kiedy wyjeżdżamy ze stacji, nie mogę przestać się
zastanawiać, dokąd zabierze mnie ten pociąg. Przez
zielone **pola** i błękitne rzeki, przez góry i doliny - nie
wiadomo, dokąd pojedzie ten stary pociąg. Gdy
zaczyna zapadać noc, zapadam w **spokojny** sen,
kołysany **rytmicznym** ruchem wagonów na torach
poniżej. Kiedy nadchodzi ranek, otwieram oczy i
widzę, że dotarliśmy do małego miasteczka, gdzieś

En el tren

Corrí a la estación de tren, pero llegué demasiado tarde. El tren ya había partido sin mí. Me sentí muy **enfadada** y **decepcionada** conmigo misma. Había planeado coger el tren para visitar a mis abuelos, que viven en el campo, pero ahora tendría que esperar una hora entera al siguiente tren. Decidí pasear un rato por la ciudad y tratar de olvidar la oportunidad perdida. Mientras caminaba, empecé a **soñar** con todos los lugares a los que te puede llevar **el tren**. De repente, ya no estaba tan molesto. Vuelvo a la estación y no puedo evitar fijarme en la gran locomotora roja, blanca y azul que se dirige hacia mí. No es hasta que veo al **revisor saludándome** desde la ventanilla cuando me doy cuenta de que ese tren es para mí. Subo al tren y encuentro mi asiento, acomodándome para lo que promete ser un largo viaje.

Mientras salimos de la estación, no puedo evitar preguntarme a dónde me llevará este tren. A través de **campos** verdes y ríos azules, pasando por montañas y valles, no se sabe adónde irá este viejo tren. Cuando empieza a caer la noche, me quedo dormido, arrullado por el movimiento **rítmico** de los vagones en las vías. Cuando vuelve a amanecer, abro los ojos y veo que hemos llegado a un pequeño pueblo en medio

pośrodku niczego. Słońce dopiero przebija się przez horyzont, a mieszkańcy zaczynają się zbierać na głównej ulicy; wygląda to jak każdy inny dzień, z wyjątkiem jednej rzeczy - w pobliżu ratusza widnieje duży znak z napisem "Witamy na pokładzie!". Wygląda na to, że to małe miasteczko czekało na nas, mimo że jesteśmy tylko zwykłym pociągiem **pasażerskim** przejeżdżającym w drodze do innego miejsca. Gdy po raz kolejny zostawiamy miasto za sobą, pędząc nie wiadomo dokąd, uśmiecham się do wszystkich przyjaznych twarzy machających na pożegnanie z małych domków położonych wśród **pól - to** naprawdę niesamowite, jak coś tak pozornie zwyczajnego może przynieść tyle radości po prostu przejeżdżając obok. No i oczywiście są jeszcze **dzieci**.

Wychylam się przez okno mojej lokomotywy. Zawsze sprawiają mi radość swoimi błyszczącymi oczami i wielkimi uśmiechami. Pomachałem do nich energicznie, po czym wróciłem do swojej **kabiny i usiadłem**. To był długi dzień, ale jeszcze się nie skończył; do **celu pozostało** jeszcze kilka godzin. Wyciągam książkę i zaczynam czytać, pozwalając, by rytmiczne kołysanie pociągu wprowadziło mnie w spokojny stan. Co jakiś czas spoglądam w górę na mijane na zewnątrz krajobrazy - nigdy się nie znudzą, niezależnie od tego, ile razy je widzę.

de la nada. El sol acaba de asomar por el horizonte mientras los lugareños comienzan a arremolinarse en la calle principal; parece un día cualquiera aquí, excepto por una cosa: hay un gran cartel colocado cerca del Ayuntamiento que dice "¡Bienvenidos a bordo!". Parece que esta pequeña ciudad nos ha estado esperando, a pesar de que sólo somos un tren de **pasajeros** ordinario que pasa por aquí de camino a otro lugar. Mientras dejamos atrás la ciudad una vez más, avanzando hacia quién sabe dónde, sonrío al ver todas las caras amistosas que se despiden desde esas pequeñas casas enclavadas entre **los campos de cultivo;** es realmente increíble cómo algo tan aparentemente ordinario puede traer tanta alegría simplemente por pasar. Y luego, por supuesto, están los **niños**.

Me asomo a la ventana de mi locomotora. Siempre me hacen sentir muy feliz con sus ojos brillantes y sus grandes sonrisas. Les devuelvo el saludo con energía antes de volver a mi **cabina** y tomar asiento. Ya ha sido un día muy largo, pero aún no ha terminado; todavía faltan algunas horas para llegar a nuestro **destino final**. Saco mi libro y empiezo a leer, dejando que el rítmico balanceo del tren me adormezca. De vez en cuando levanto la vista para ver el paisaje que pasa por el exterior; nunca pasa de moda, no importa cuántas veces lo vea.

Pytania sprawdzające rozumienie tekstu

1. Dokąd jedzie pociąg?

2. Kto jedzie pociągiem?

3. Kiedy odjeżdża pociąg?

4. W jaki sposób bohater dostaje się do pociągu?

5. Skąd przyjeżdża pociąg?

6. Dokąd jedzie pociąg?

7. Kiedy przyjechali pasażerowie?

8. Co czuje bohater, gdy spóźnia się na pociąg?

Preguntas de comprensión

1. ¿Adónde va el tren?

2. ¿Quién viaja en el tren?

3. ¿Cuándo sale el tren?

4. ¿Cómo sube el protagonista al tren?

5. ¿De dónde viene el tren?

6. ¿A dónde va el tren después?

7. ¿Cuándo llegaron los pasajeros?

8. ¿Cómo se siente el protagonista cuando pierde el tren?

Gotowanie obiadu

Jest 17:00, a ja wracam z pracy. Nie mogę **się** doczekać spokojnego wieczoru w domu z moim partnerem. Ugotujemy razem kolację, a potem przez resztę wieczoru będziemy się relaksować. Dobrze jest wiedzieć, że tego **wieczoru** nie mam żadnych planów ani obowiązków. Przyjeżdżam do domu, a mój partner jest już w kuchni i zaczyna przygotowywać kolację. Pachnie tu **niesamowicie**! Podczas gotowania rozmawiamy, opowiadając sobie nawzajem o tym, jak minął nam dzień i dzieląc się drobnymi historiami z naszego życia zawodowego. Kuchnia jest moim ulubionym pomieszczeniem w naszym mieszkaniu. Uwielbiam gotować, a szczególnie uwielbiam gotować z moim partnerem. Zawsze dobrze się tu bawimy, śmiejąc się i żartując podczas gotowania. Poza tym, gdy pracujemy **razem,** jedzenie jest zawsze **niesamowite**.

Dziś wieczorem przygotowujemy jeden z moich ulubionych przepisów: parmezan z **kurczaka.** Mój partner zaczyna od panierowania kurczaka, podczas gdy ja przygotowuję sos na **kuchence**. Pracujemy razem jak dobrze naoliwiona maszyna i wkrótce obiad jest gotowy do podania. Siadamy przy naszym małym kuchennym stole z **talerzami wypełnionymi** kurczakiem po parmezańsku, makaronem i sałatką.

Cocinar la cena

Son las 5 de la tarde y estoy volviendo a casa desde el trabajo. Estoy **deseando pasar** una noche tranquila en casa con mi pareja. Prepararemos la cena juntos y luego nos relajaremos el resto de la noche. Me siento bien al saber que no tengo ningún plan ni obligación esta **noche**. Llego a casa y mi pareja ya está en la cocina, empezando a preparar nuestra cena. Huele **de maravilla**. Charlamos mientras cocinamos, poniéndonos al día y compartiendo pequeñas historias de nuestras vidas laborales. La cocina es mi habitación favorita de nuestro apartamento. Me encanta cocinar, y sobre todo cocinar con mi pareja. Siempre nos lo pasamos muy bien aquí, riendo y bromeando mientras cocinamos. Además, la comida siempre es **increíble** cuando trabajamos **juntos**.

Esta noche vamos a preparar una de mis recetas favoritas: **pollo** a la parmesana. Mi compañero empieza a empanar el pollo mientras yo pongo la salsa a hervir a **fuego** lento. Trabajamos juntos como una máquina bien engrasada y, en poco tiempo, la cena está lista para servir. Nos sentamos en nuestra pequeña mesa de cocina con **platos llenos** de pollo a la parmesana, pasta y ensalada. Brindamos por los vasos y damos el primer bocado, ¡y es **celestial**! El pollo está crujiente

Stukamy się kieliszkami i bierzemy pierwszy kęs - jest **niebiański**! Kurczak jest chrupiący na zewnątrz, ale soczysty w środku; sos jest aromatyczny i doskonały; makaron ugotowany al dente... wszystko smakuje dziś absolutnie idealnie. Oboje wiemy, że to był jeden z tych wieczorów, kiedy wszystko doskonale się połączyło, a my **delektujemy się** każdym kęsem naszego pysznego posiłku. Smakowało nawet lepiej niż pachniało - co było cholernie dobre! Kończymy posiłek stosunkowo szybko, bo żadne z nas nie jest dziś szczególnie głodne, ale nie spieszymy się, wypijając jeszcze kilka **kieliszków** wina i rozmawiając lekko na ten czy inny temat. Po kolacji szybko sprzątamy, a potem przenosimy się do salonu, gdzie spędzamy trochę czasu, **przytulając się do siebie** na kanapie i oglądając telewizję.

To takie miłe uczucie być blisko siebie po długim dniu **pracy**. Czuję się zadowolona. Mimo że wieczór nie był pełen wrażeń, miło było spędzić trochę czasu razem, nie wychodząc z domu. Obejrzeliśmy film i wcześnie poszliśmy do łóżka, czując się **usatysfakcjonowani** naszym prostym wieczorem. Stało się to jedną z naszych **ulubionych** rzeczy, które robimy w wieczory, gdy nie mamy ochoty wychodzić z domu - po prostu relaksujemy się w domu i cieszymy się swoim towarzystwem przy domowym posiłku. Zawsze miło jest wiedzieć, że po ciężkim dniu możemy tu wrócić i po prostu być sobą.

por fuera pero jugoso por dentro; la salsa es sabrosa y perfecta; la pasta está cocida al dente... todo sabe absolutamente perfecto esta noche. Los dos sabemos que esta fue una de esas noches en las que todo salió a la perfección mientras **saboreamos** hasta el último bocado de nuestra deliciosa comida. Sabía incluso mejor de lo que olía, ¡que era muy bueno! Terminamos la comida relativamente rápido, ya que ninguno de los dos tiene especial hambre hoy, pero nos tomamos nuestro tiempo para disfrutar de unas cuantas **copas** de vino más mientras charlamos ligeramente sobre este y aquel tema. Después de la cena, limpiamos juntos rápidamente y nos trasladamos al salón, donde pasamos un rato **acurrucados** en el sofá mientras vemos la televisión.

Es tan agradable estar cerca el uno del otro después de un largo día **de trabajo** separados. Me siento satisfecha. Aunque no hemos tenido una noche agitada, ha sido agradable pasar un rato juntos sin tener que salir de casa. Vimos una película y nos fuimos a la cama temprano, **satisfechos** de nuestra sencilla noche. Esto se ha convertido en una de nuestras actividades **favoritas** en las noches en las que no queremos salir: relajarnos en casa y disfrutar de la compañía del otro con una comida casera. Siempre es agradable saber que podemos volver aquí después de un largo día y ser nosotros mismos.

Pytania sprawdzające rozumienie tekstu

1. Skąd pochodzi narrator?

2. Co robi narrator po pracy?

3. Co narrator je na kolację?

4. Dlaczego narrator lubi kuchnię?

5. Jakie danie gotuje para?

6. Jak się czuje narrator pod koniec wieczoru?

7. Jakie jest ulubione zajęcie pary?

8. Co robi para, gdy jest zmęczona?

9. Gdzie śpią?

Preguntas de comprensión

1. ¿De dónde viene el narrador?

2. ¿Qué hace el narrador después del trabajo?

3. ¿Qué come el narrador en la cena?

4. Por qué le gusta la cocina al narrador?

5. ¿Qué tipo de plato cocina la pareja?

6. Cómo se siente el narrador al final de la velada?

7. ¿Qué es lo que más le gusta hacer a la pareja?

8. ¿Qué hace la pareja cuando se cansa?

9. ¿Dónde duermen?

Spacer do domu

Była to **spokojna** noc, gdy wracałem z pracy do domu. Idąc, nie mogłem powstrzymać się od uśmiechu na wspomnienie. Dobrze było być znowu w mojej starej dzielnicy. Pomachałem do kilku znajomych osób, a oni odwzajemnili moje pozdrowienia. Dobrze było być w domu. Przechodząc obok mojej starej szkoły, **przypomniałem sobie** wszystkie miłe chwile spędzone z przyjaciółmi. Zawsze wracaliśmy do domu razem i rozmawialiśmy o naszym dniu. **Czasami** zatrzymywaliśmy się, żeby kupić lody lub pójść do parku. To były najlepsze czasy. Brakuje mi tych chwil. Ale teraz mam własną rodzinę i jestem zadowolona z życia. Cieszę się, że mogę spojrzeć wstecz na te wspomnienia i uśmiechnąć się. Są one częścią mojego życia, którą zawsze będę cenił. To były najlepsze czasy. Tęsknię za tymi czasami. Ale teraz mam własną rodzinę i jestem zadowolony z życia. Cieszę się, że mogę spojrzeć wstecz na te **wspomnienia** i uśmiechnąć się. Są one częścią mojego życia, którą zawsze będę cenić.

Idę dalej, myśląc o dobrych chwilach spędzonych z moimi przyjaciółmi. Wiem, że wkrótce znów się z nimi spotkam. Kieruję się w stronę domu i postanawiam przejść się po pobliskim parku. Słońce już zachodzi, a niebo przybiera **piękny** pomarańczowy kolor. Park

Caminando a casa

Era una noche **tranquila mientras volvía** a casa desde el trabajo. Mientras caminaba, no pude evitar sonreír ante los recuerdos. Me sentí bien al volver a mi antiguo barrio. Saludé a algunos conocidos y ellos me devolvieron el saludo. Era bueno estar en casa. Pasé por delante de mi antigua escuela y **recordé** todos los buenos momentos que pasé con mis amigos. Siempre íbamos juntos a casa y hablábamos de nuestro día. **A veces** nos parábamos a tomar un helado o íbamos al parque. Eran los mejores momentos. Echo de menos esos momentos. Pero ahora tengo mi propia familia y soy feliz con mi vida. Me alegro de poder recordar esos momentos y sonreír. Son una parte de mi vida que siempre apreciaré. Fueron los mejores tiempos. Echo de menos esos tiempos. Pero ahora tengo mi propia familia y soy feliz con mi vida. Me alegro de poder mirar atrás a esos **recuerdos** y sonreír. Son una parte de mi vida que siempre apreciaré.

Sigo caminando, pensando en los buenos momentos que pasé con mis amigos. Sé que los volveré a ver pronto. Me dirijo hacia mi casa y decido pasear por un parque cercano. El sol se está poniendo y el cielo se está volviendo de un **hermoso color** naranja. El parque está vacío, a excepción de algunos pájaros

jest pusty, poza kilkoma ptakami ćwierkającymi na drzewach. Biorę głęboki **oddech** i uśmiecham się. Kiedy spaceruję po parku, widzę, jak po niebie przemyka spadająca gwiazda. Wypowiedziałem życzenie do tej gwiazdy i poszedłem dalej. Myślę o moim dniu w pracy i o tym, jak było **spokojnie**. Uśmiecham się do siebie, myśląc o tym, jakie mam szczęście, że mam tak wspaniałą pracę. Wracam do domu, **czując** na skórze chłodne, nocne powietrze. Czuję się taka żywa i szczęśliwa, ciesząc się prostą czynnością, jaką jest powrót do domu w spokojną noc. Czułem się tak dobrze, że zacząłem **gwizdać**. Przeszedłem obok kilku osób na ulicy, ale wszyscy byli zajęci swoimi sprawami.

Skręciłem za róg mojej ulicy i zobaczyłem kota mojego sąsiada, pana Whiskersa, siedzącego na moim ganku. Przywitałem się z nim, a on odpowiedział miauknięciem. **Odblokowałem** drzwi i wszedłem do środka. Tak się cieszyłem, że jestem w domu. Zdjąłem buty i przygotowałem się do spania. Tej nocy położyłem się do łóżka szczęśliwy i wdzięczny, a moje serce było pełne miłości. Spałem spokojnie przez całą noc, nie martwiąc się o nic. Obudziłem się ze spokojnego snu i **powitało mnie** słońce wpadające przez okno. Wstałem z łóżka, przeciągnąłem się, wziąłem głęboki oddech i poczułem, jak chłodne powietrze wypełnia moje płuca. Podszedłem do okna i wyjrzałem na zewnątrz, słysząc śpiew ptaków i zabawy **wiewiórek**.

que cantan en los árboles. **Respiro** profundamente y sonrío. Mientras camino por el parque, veo una estrella fugaz que atraviesa el cielo. Pido un deseo a esa estrella y sigo caminando. Pienso en mi día de trabajo y en lo **tranquilo que** ha sido. Sonrío para mis adentros, pensando en la suerte que tengo de tener un trabajo tan bueno. Vuelvo a casa, **sintiendo** el aire fresco de la noche en mi piel. Me siento tan viva y feliz, disfrutando del simple hecho de volver a casa en una noche tranquila.

Me sentí tan bien que empecé a **silbar**. Pasé por delante de algunas personas en la calle, pero todas estaban ocupadas en sus propios asuntos.

Doblé la esquina de mi calle y vi al gato de mi vecino, el Sr. Bigotes, sentado en mi porche. Le saludé y me devolvió el maullido. **Abrí** la puerta y entré. Estaba muy contenta de estar en casa. Me quité los zapatos y me preparé para ir a la cama. Esa noche me acosté feliz y agradecida, con el corazón lleno de amor. Dormí profundamente toda la noche, sin preocuparme por nada. Me desperté de un sueño reparador y **me recibió** el sol que entraba por la ventana. Me levanté de la cama y me estiré, respirando profundamente y sintiendo cómo el aire fresco llenaba mis pulmones. Me acerqué a la ventana y miré hacia fuera, escuchando el piar de los pájaros y el juego de **las ardillas**.

Pytania sprawdzające rozumienie tekstu

1. Co robił bohater, gdy opowiadanie się zaczynało?

2. O czym myślał bohater, idąc do domu?

3. Co bohater robił po szkole z przyjaciółmi?

4. Za czym bohater tęskni w tamtych czasach?

5. Co bohater myśli o swoim obecnym życiu?

6. Co robi bohater, gdy widzi spadającą gwiazdę?

7. Co czuje bohater, gdy idzie do domu?

Preguntas de comprensión

1. ¿Qué hacía el protagonista cuando empezó la historia?

2. En qué pensaba el protagonista cuando volvía a casa?

3. Qué solía hacer el protagonista con sus amigos después del colegio?

4. Qué echa de menos el protagonista de aquellos tiempos?

5. Qué piensa el protagonista de su vida actual?

6. Qué hace el protagonista cuando ve una estrella fugaz?

7. Cómo se siente el protagonista cuando camina hacia su casa?

Zamek

Rodzina zawsze chciała zwiedzić stary zamek w **Niemczech i w** końcu się na to zdecydowała. Nie byli **rozczarowani**. Zamek był piękny, a zwiedzanie jego wielu pomieszczeń i korytarzy sprawiło im wiele radości. Pierwszą rzeczą, która rzuciła im się w oczy, był zapach. Znaleźli tam **pleśń**, wilgoć i coś jeszcze, czego nie potrafili określić. Drugą rzeczą był dźwięk. Kamienne ściany są grube, ale nie tłumią całkowicie dźwięków. Słyszeli każdy krok, każde słowo wypowiedziane normalnym głosem, a czasem także kapanie wody **gdzieś** w oddali. Gdy ich oczy przyzwyczaiły się do słabego światła, zobaczyli potężne kamienne ściany, z których zwisały **potargane** gobeliny. Znajdowali się w ogromnej sali z wysokim sufitem wspartym na rzeźbionych filarach. Podobały im się też widoki z wieżyczek, a dzieci świetnie się bawiły, biegając po terenie. Gdy skończyli zwiedzać zamek, **słońce** zaczęło już zachodzić i żałowali, że nie wzięli ze sobą **latarki**. Postanowili wrócić do wejścia, ale szybko się zgubili. Błąkali się godzinami, aż w końcu natrafili na drzwi, które prowadziły na zewnątrz. Szli dalej, aż doszli **do** końca korytarza i stanęli przed imponującym zestawem podwójnych drzwi. Próbowali jak mogli, ale drzwi nie chciały się ruszyć. Grzechotały **złowieszczo,** ale nie poruszyły się ani o cal. Wyglądało na to, że

El castillo

La familia siempre había querido visitar un antiguo castillo en **Alemania,** y finalmente hicieron el viaje. No **les decepcionó**. El castillo era precioso y disfrutaron explorando sus numerosas habitaciones y pasillos. Lo primero que les llamó la atención fue el olor. Encontraron **moho**, humedad y algo más que no pudieron determinar. Lo segundo fue el sonido. Las paredes de piedra son gruesas, pero no amortiguan el sonido por completo. Oyeron cada paso, cada palabra pronunciada con voz normal y el ocasional goteo de agua en **algún lugar** de la distancia. Cuando sus ojos se adaptaron a la escasa luz, vieron que a su alrededor se alzaban enormes muros de piedra, de los que colgaban tapices **hechos jirones**. Se encontraban en un enorme salón con un alto techo sostenido por pilares tallados. También les encantaron las vistas desde las torretas, y los niños se lo pasaron en grande corriendo por el recinto. El **sol** había empezado a ponerse cuando terminaron de explorar el castillo, y lamentaron no haber traído una **linterna**. Decidieron volver a la entrada, pero pronto se perdieron. Estuvieron dando vueltas durante horas, hasta que finalmente dieron con una puerta que conducía al exterior. Continuaron hasta **llegar** al final del pasillo y se encontraron con un imponente conjunto de puertas dobles. Por mucho

ktokolwiek tu wcześniej był, musiał tędy przejść i zamknąć je od środka. W końcu udało im się znaleźć wyjście. Gdy wyszli na chłodne, nocne powietrze, poczuli ulgę.

Słońce zaczęło zachodzić i **żałowali,** że nie wzięli ze sobą latarki. Postanowili wrócić do wejścia, ale szybko się zgubili. Błąkali się godzinami, aż w końcu natrafili na drzwi, które prowadziły na **zewnątrz**. Gdy wyszli na chłodne, nocne powietrze, poczuli ulgę. Następnego wieczoru postanowili zabrać ze sobą latarkę, aby zwiedzić resztę zamku. Przeszli przez **dziedziniec** i zeszli do rzeki, która płynęła za murami **zamku.** Gdy chodzili po okolicy, zaczęli słyszeć dziwne odgłosy. Wyglądało na to, że ktoś ich śledzi. Przyspieszyli kroku, ale odgłosy były coraz głośniejsze i bliższe. Rodzina wróciła do zamku tak szybko, jak tylko mogła, i z ulgą zauważyła, że postać w **ciemnej** pelerynie nie podążyła za nimi.

que lo intenten, las puertas no se mueven. Traquetean **siniestramente** pero no se mueven ni un centímetro. Parece que quienquiera que haya estado aquí antes debe haber pasado por aquí y haberlas cerrado desde dentro. Finalmente, encuentran una salida. El alivio los invade cuando salen al aire fresco de la noche.

El sol empezaba a ponerse y **lamentaron no haber** traído una linterna. Decidieron volver a la entrada, pero pronto se perdieron. Estuvieron dando vueltas durante horas, hasta que finalmente dieron con una puerta que daba **al exterior**. El alivio los invadió cuando salieron al aire fresco de la noche. A la noche siguiente, se aseguraron de llevar una linterna para explorar el resto del castillo. Atravesaron el **patio** y bajaron hasta el río que corría detrás de los muros del castillo. Mientras caminaban, empezaron a oír ruidos extraños. Parecía que alguien les seguía. Aceleraron el paso, pero los ruidos eran cada vez más fuertes y cercanos. La familia corrió de vuelta al castillo tan rápido como pudo, y se sintió aliviada al ver que la figura de la capa **oscura** no les había seguido.

Pytania sprawdzające rozumienie tekstu

1. Co zrobiła rodzina, gdy zgubiła się w zamku?

2. Jak czuła się rodzina, gdy dowiedziała się, że to tylko miejscowy człowiek?

3. Co takiego zrobił mężczyzna, że został aresztowany?

4. Jaki był wyrok dla tego człowieka?

5. Jaki hałas usłyszała rodzina podczas spaceru?

6. Gdzie znajdowała się postać w ciemnym płaszczu, gdy zobaczyła ją rodzina?

7. Co robiła rodzina po powrocie do swojego pokoju?

8. Kiedy rodzina ponownie wybrała się na zwiedzanie zamku?

Preguntas de comprensión

1. ¿Qué hizo la familia cuando se perdió en el castillo?

2. Cómo se sintió la familia cuando descubrieron que era sólo un hombre del lugar?

3. ¿Qué hizo el hombre para que lo arrestaran?

4. Cuál fue la sentencia para el hombre?

5. Qué ruido escuchó la familia mientras caminaba?

6. Dónde estaba la figura de la capa oscura cuando la familia lo vio?

7. Qué hizo la familia al volver a su habitación?

8. ¿Cuándo volvió la familia a explorar el castillo?

Mój ogród

Mój ogród to moje szczęśliwe miejsce. Wychodzę tam każdego dnia, czy pada, czy nie, i spędzam czas, pielęgnując moje rośliny. Mam tam **wszystko** po trochu - **warzywa**, owoce, kwiaty, zioła. Mam nawet kilka kur, które pomagają mi utrzymać szkodniki z daleka. Dzień w ogrodzie zaczynam od zbierania jaj od kur. Następnie sprawdzam, czy moje warzywa mają wystarczająco dużo wody i słońca. Odchwaszczam grządki i usuwam wszelkie insekty, które mogą **zaatakować** rośliny. Kiedy już **wszystko** jest dopilnowane, siadam wygodnie i cieszę się ciszą i spokojem natury.

Zawsze uwielbiałam spędzać czas w moim ogrodzie. Jest coś takiego w byciu otoczonym przez naturę i całe **piękno,** które ma do zaoferowania. Uważam, że jest to bardzo spokojne i uspokajające miejsce. Często spędzam czas w ogrodzie, relaksując się i podziwiając widoki. Lubię też pracować w ogrodzie i uprawiać rośliny. Mam całkiem spory ogród i lubię w nim uprawiać różne rzeczy. Uprawiam kwiaty, **warzywa** i zioła. Mam też kilka drzew owocowych, które rodzą pyszne jabłka, gruszki i śliwki. Oprócz uprawiania rzeczy lubię też spędzać czas na spacerach po ogrodzie, **podziwiając** różne rośliny i zwierzęta, które są jego domem. Przez lata spędziłam wiele godzin, pracując nad tym, aby

Mi jardín

Mi jardín es mi lugar feliz. Salgo todos los días, llueva o haga sol, y me dedico a cuidar mis plantas. Tengo un poco de **todo: verduras**, frutas, flores y hierbas. Incluso tengo unas cuantas gallinas que me ayudan a mantener a raya las plagas. Empiezo mis días en el jardín recogiendo los huevos de las gallinas. Luego compruebo que las verduras reciben suficiente agua y sol. Deshierbo los parterres y elimino los bichos que puedan estar **atacando** las plantas. Una vez que **todo** está resuelto, me siento a disfrutar de la paz y la tranquilidad de la naturaleza.

Siempre me ha gustado pasar tiempo en mi jardín. Hay algo en estar rodeado de la naturaleza y de toda la **belleza que** ofrece. Me parece un lugar muy tranquilo y calmado. A menudo paso tiempo en mi jardín relajándome y disfrutando del paisaje. También me gusta trabajar en mi jardín y cultivar cosas. Tengo un jardín bastante grande y me gusta cultivar **diferentes** cosas en él. Cultivo flores, **verduras** y hierbas. También tengo algunos árboles frutales que producen deliciosas manzanas, peras y ciruelas. Además de cultivar cosas, también me gusta pasar tiempo paseando por mi jardín, **admirando todas las** plantas y animales que lo llaman hogar. He pasado muchas horas a lo largo de los años

mój **ogród stał** się miejscem nie tylko pięknym, ale i funkcjonalnym. Uwielbiam obserwować ptaki latające wokół i słuchać ich śpiewu. Czasami nawet przynoszę książkę i czytam w ogrodzie, otoczona pięknem, które stworzyłam. **Ogrodnictwo** jest moją pasją i przynosi mi tyle radości. Każdy dzień w moim ogrodzie to dobry dzień.

Jedną z rzeczy, które uwielbiam robić, jest gotowanie, dlatego posiadanie dobrze zaopatrzonego ogrodu ziołowego jest dla mnie bardzo **ważne.** Tymianek, bazylia, oregano, rozmaryn, szałwia i lawenda to tylko niektóre z ziół, które lubię uprawiać w moim ogrodzie, aby móc ich używać podczas przygotowywania posiłków dla siebie lub dla **gości.** Kolejną rzeczą, która jest dla mnie ważna, jeśli chodzi o mój ogród, jest zapewnienie, że jest w nim dużo kolorów. Aby osiągnąć ten cel, uprawiam wiele różnych kwiatów, takich jak **róże**, lilie, stokrotki, tulipany, niecierpki, nagietki itp. Poza dodawaniem kolorów za pomocą kwiatów lubię także urozmaicać ogród, stosując w nim różne **faktury**. Na przykład mogę posadzić paprocie pod strzelistymi słonecznikami lub hosty **obok** kolczastych traw ozdobnych. Niezależnie od tego, co jeszcze dzieje się w moim życiu, praca w ogrodzie zawsze pomaga mi poczuć się bardziej związaną z naturą i w zgodzie z samą sobą.

trabajando para hacer de mi **jardín** un lugar no sólo hermoso sino también funcional. Me encanta ver a los pájaros revolotear y escucharlos cantar. A veces incluso saco un libro y leo en el jardín mientras estoy rodeada de toda la belleza que he creado. **La jardinería** es mi pasión y me da mucha alegría. Cada día en mi jardín es un buen día.

Una de las cosas que me gusta hacer es cocinar, así que tener un jardín de hierbas bien surtido es muy **importante para** mí. El tomillo, la albahaca, el orégano, el romero, la salvia y la lavanda son algunas de las hierbas que me gusta cultivar en mi jardín para poder utilizarlas cuando cocino para mí o para **mis invitados**. Otra cosa importante para mí cuando se trata de mi jardín es asegurarse de que haya mucho color en él. Para conseguirlo, cultivo una gran variedad de flores, como **rosas**, lirios, margaritas, tulipanes, impatiens, caléndulas, etc. Además de añadir color con las flores, también me gusta añadir interés utilizando diferentes **texturas** por todo el jardín. Por ejemplo, puedo plantar helechos debajo de grandes girasoles o hostas **junto a** hierbas ornamentales de punta. Independientemente de lo que me ocurra en la vida, trabajar en mi jardín siempre **me ayuda a** sentirme más conectada con la naturaleza y en paz conmigo misma.

Pytania sprawdzające rozumienie tekstu

1. Gdzie znajduje się ogród autora?

2. Ile kurczaków ma autor?

3. Co autor robi w ogrodzie każdego dnia?

4. Dlaczego autorowi podoba się ogród?

5. Jakie zioła autor sadzi w ogrodzie?

6. Dlaczego dla autora ważne jest to, że w jego ogrodzie jest wiele kolorów?

7. W jaki sposób autor urozmaica swój ogród?

8. Co czuje autor, kiedy pracuje w swoim ogrodzie?

9. Co sprawia, że autor czuje się spełniony, kiedy jest w swoim ogrodzie?

Preguntas de comprensión

1. ¿Dónde está el jardín del autor?

2. ¿Cuántas gallinas tiene el autor?

3. ¿Qué hace el autor en el jardín cada día?

4. Por qué le gusta el jardín al autor?

5. ¿Qué hierbas planta el autor en el jardín?

6. Por qué es importante para el autor que haya muchos colores en su jardín?

7. Cómo aporta el autor variedad a su jardín?

8. Cómo se siente el autor cuando trabaja en su jardín?

9. ¿Qué hace que el autor se sienta conectado cuando está en su jardín?

Idę na zakupy

Uwielbiam chodzić na **zakupy do** centrum handlowego. Chodzenie po nim i oglądanie różnych sklepów zawsze sprawia mi wiele radości. W centrum handlowym każdy znajdzie coś dla siebie i zawsze jest to świetne miejsce, aby znaleźć okazje na ubrania, buty i akcesoria. **Zwykle** zaczynam swoją wyprawę na zakupy od przejścia przez główne **wejście do centrum handlowego**. Stamtąd kieruję się najpierw do moich ulubionych sklepów. Po przejrzeniu tych sklepów, chodzę dookoła i sprawdzam, czy w innych miejscach nie trwają jakieś wyprzedaże. Zwykle spędzam w centrum handlowym kilka godzin, zanim w końcu dokonam zakupów. Zawsze lubię nie spieszyć się z zakupami, **ponieważ** chcę mieć pewność, że dostaję **dokładnie to,** czego chcę. Poza tym w ten sposób jest po prostu przyjemniej!

Zawsze **fascynuje** mnie obserwowanie ludzi w centrum handlowym. Po sposobie robienia zakupów można naprawdę wiele powiedzieć o danej osobie. Niektórzy ludzie są bardzo metodyczni i nie spieszą się, podczas gdy inni po prostu chwytają **wszystko, co się da,** i jak najszybciej kierują się do kasy. Są też tacy kupujący, którzy wydają się bardziej zainteresowani rozmową przez telefon komórkowy lub pisaniem SMS-ów niż oglądaniem towarów! Jednak bez względu na to, jakim

Ir de compras

Me encanta ir **de compras** al centro comercial.
Siempre es muy divertido pasear y ver todas las
tiendas. Hay algo para todo el mundo en el centro
comercial, y siempre es un buen lugar para encontrar
ofertas en ropa, zapatos y accesorios. **Suelo** empezar
mis compras por la **entrada** principal del centro
comercial. Desde allí, me dirijo primero a mis tiendas
favoritas. Después de mirar esas tiendas, me doy una
vuelta para ver si hay rebajas en otros sitios. Suelo
pasar un par de horas en el centro comercial antes
de hacer mis compras. Siempre me gusta tomarme
mi tiempo cuando voy de compras **porque** quiero
asegurarme de que estoy comprando **exactamente** lo
que quiero. Además, así es más divertido.

Siempre me parece **fascinante** observar a la gente
mientras estoy en el centro comercial. Se puede saber
mucho de una persona por su forma de comprar.
Algunas personas son muy metódicas y se toman
su tiempo, mientras que otras parecen coger **todo
lo que** pueden y dirigirse a la caja lo más rápido
posible. También hay compradores que parecen más
interesados en hablar por el móvil o enviar mensajes
de texto que en mirar la mercancía. Sin embargo,
sea cual sea el tipo de comprador, a todo el mundo

typem kupującego jesteś, każdy z nas lubi "window shopping" - nawet jeśli niczego nie kupuje. Po prostu jest coś takiego w patrzeniu na te wszystkie piękne rzeczy w **witrynach** sklepowych, co sprawia, że jestem szczęśliwa. Czasami marzę o tym, jak by to było, gdyby było mnie stać na **wszystko, co** widzę! Podsumowując, dzień spędzony na zakupach w centrum handlowym to jedna z moich ulubionych rozrywek. To świetny sposób na zrelaksowanie się i odprężenie, a przy okazji na odrobinę ruchu (jeśli się wystarczająco dużo chodzi). Poza tym, **zawsze** miło jest od czasu do czasu sprawić sobie nową koszulę lub parę butów!

Miałam **długi** dzień w pracy i wreszcie znalazłam trochę czasu dla siebie, więc postanowiłam wybrać się na zakupy do centrum handlowego. Potrzebowałam kilku nowych ubrań na **nadchodzący** sezon. Gdy tylko weszłam do środka, zobaczyłam wszystkie jasne światła i błyszczące witryny sklepów. Najpierw udałam się do mojego ulubionego sklepu i zaczęłam przeglądać półki. Znalazłam kilka ładnych bluzek i przymierzyłam je w przymierzalni. Gdy przyglądałam się sobie w lustrze, usłyszałam, że ktoś wchodzi do **przymierzalni** obok mojej. Rozpoznałam, że to jedna z moich koleżanek z pracy. Przywitałyśmy się i zaczęłyśmy rozmawiać o pracy. Po kilku minutach obie skończyłyśmy i poszłyśmy w swoją stronę, ale później znów na siebie wpadłyśmy.

le gusta mirar los escaparates, aunque no compre nada. Hay algo en mirar todas las cosas bonitas de los **escaparates** que me hace feliz. A veces fantaseo con cómo sería si pudiera comprar **todo lo** que veo. En definitiva, pasar un día de compras en el centro comercial es uno de mis pasatiempos favoritos. Es una forma estupenda de relajarse y desconectar al tiempo que se hace un poco de ejercicio (si se camina lo suficiente). Además, **siempre está bien darse un** capricho con una camisa o un par de zapatos nuevos de vez en cuando.

Tuve un **largo** día de trabajo y por fin tuve algo de tiempo para mí, así que decidí ir de compras al centro comercial. Necesitaba ropa nueva para la **próxima** temporada. Nada más entrar, vi todas las luces brillantes y los escaparates relucientes. Me dirigí primero a mi tienda favorita y empecé a mirar los estantes. Encontré unos cuantos tops bonitos y me los probé en el probador. Mientras me miraba en el espejo, oí que alguien entraba en el **probador** contiguo al mío. Reconocí su voz como la de una de mis compañeras de trabajo. Nos saludamos y empezamos a charlar sobre el trabajo. Al cabo de unos minutos, los dos terminamos y nos fuimos por **separado,** pero más tarde volvimos a encontrarnos.

Pytania sprawdzające rozumienie tekstu

1. Gdzie najchętniej przechowujesz towary?

2. Jaki jest Twój ulubiony sklep w centrum handlowym?

3. Jak długo zazwyczaj przebywasz w centrum handlowym?

4. Co sądzisz o ludziach, którzy spędzają dużo czasu w centrum handlowym? 5. Jaka jest Twoja ulubiona rzecz do robienia w centrum handlowym?

6. Czy zdarzyło Ci się kupić coś w centrum handlowym, czego tak naprawdę nie potrzebowałeś?

7. Jak reagujesz, gdy widzisz w centrum handlowym coś, co bardzo by Ci się podobało, ale jest za drogie?

Preguntas de comprensión

1. ¿Dónde le gusta más almacenar?

2. ¿Cuál es su tienda favorita en el centro comercial?

3. ¿Cuánto tiempo suele permanecer en el centro comercial?

4. ¿Qué opinas de la gente que pasa mucho tiempo en el centro comercial?

5. ¿Qué es lo que más le gusta hacer en el centro comercial?

6. ¿Has comprado alguna vez algo en el centro comercial cuando realmente no lo necesitabas?

7. ¿Cómo reaccionas cuando ves algo en el centro comercial que te gustaría mucho, pero es demasiado caro?

Na rynku

W sobotę budzę się wcześnie rano, chcąc zdążyć
na **targ,** zanim zrobi się zbyt tłoczno. Zakładam kilka
ubrań i wychodzę z domu, zabierając po drodze torby
wielokrotnego użytku. Idąc, zaczynam planować, co
chcę przygotować w nadchodzącym tygodniu. Wiem,
że chcę przynajmniej raz upiec warzywa, więc będę
musiała kupić dobrej jakości warzywa. Chcę też zrobić
zupę lub gulasz, więc będę musiał kupić trochę mięsa.
Będę musiał zobaczyć, co wygląda dobrze, gdy tam
dotrę. Rynek znajduje się zaledwie kilka przecznic
dalej, a ja już widzę rozstawione stragany i kłębiących
się **ludzi**.

Przyjeżdżam na targ i od razu kieruję się do stoiska z
warzywami. Wybór jest piękny, a ja wypełniam torby
różnymi **świeżymi** produktami. Rozmawiam trochę
z rolnikiem, który poleca mi kilka przepisów. Nie
mogę się doczekać, aby je wypróbować. Podczas
zakupów rozmawiam z **rolnikami, poznając** ich i ich
produkty. Gdy mam już wszystkie potrzebne warzywa,
przechodzę do działu mięsnego. Tutaj waham się
trochę bardziej, ponieważ nie jestem pewna, co chcę
kupić. Ostatecznie decyduję się na kurczaka, ponieważ
jest uniwersalny i można go wykorzystać w wielu
potrawach. Kupuję też kilka różnych kawałków mięsa,

En el mercado

Me levanto temprano el sábado por la mañana, ansiosa por llegar al **mercado** antes de que se llene de gente. Me pongo algo de ropa y salgo por la puerta, cogiendo mis bolsas reutilizables por el camino. Mientras camino, empiezo a planear lo que quiero hacer para la semana que viene. Sé que quiero **asar** verduras al menos una vez, así que tendré que comprar verduras de buena calidad. También quiero hacer una sopa o un guiso, así que también tendré que comprar carne. Tendré que ver qué tiene buena pinta cuando llegue allí. El mercado está a unas pocas manzanas y ya veo los puestos instalados y la **gente** arremolinada.

Llego al mercado y me dirijo directamente al puesto de verduras. La selección es preciosa y lleno mis bolsas con una gran variedad de productos **frescos**. Hablo un rato con el agricultor y me recomienda algunas recetas. Estoy deseando probarlas. Mientras compro, charlo con los **agricultores para** conocerlos a ellos y a sus productos. Cuando tengo todas las verduras que necesito, paso a la sección de carne. Aquí estoy un poco más indecisa, ya que no estoy segura de lo que quiero comprar. Al final me decido por el pollo porque es versátil y se puede utilizar en una gran variedad de platos. También compro varios cortes de carne,

zwracając uwagę na to, by kupić wołowinę karmioną trawą i **kurczaka z** wolnego wybiegu. Rzeźnik był przyjaznym człowiekiem, zawsze wesołym mimo długich godzin pracy. Zapakował moje piersi z kurczaka i stek, a potem rozmawiał ze mną o swoich planach na weekend. Pożegnałem się z nim i ruszyłem w dalszą drogę. W dziale z nabiałem kupiłem też jajka i ser.

Na targu było **pełno** ludzi, którzy z niecierpliwością czekali na świeże produkty i mięso. W powietrzu unosił się zapach czosnku i cebuli, słychać było śmiech i rozmowy. Przedzierałem się przez tłum, wybierając inne artykuły potrzebne do zrobienia cotygodniowych zakupów. Wypełniłam **koszyk** owocami i warzywami, makaronem i chlebem, po czym skierowałam się do kasy. Kolejka była długa, ale szybko się posuwała. W końcu kupiłem ostatnie **produkty spożywcze** i nadszedł czas, aby wrócić do domu. Samochód został załadowany, a droga do domu była długa i uciążliwa. Ruch był duży, a upał uciążliwy. W końcu samochód wjechał na podjazd, a ulga była wyczuwalna. W domu panował chłód i cisza, był to raj po **zgiełku** targowiska. Wszystko zostało odłożone na miejsce, a w domu szybko zapanowała cisza i spokój. Miałam wszystko, czego potrzebowałam, aby przygotować **pyszne** posiłki dla siebie i dla rodziny. Dobrze było być w domu.

asegurándome de comprar carne de vaca alimentada con pasto y **pollo** de corral. El carnicero era un hombre amable, siempre alegre a pesar de las largas horas de trabajo. Me envolvió las pechugas de pollo y el filete antes de charlar conmigo sobre sus planes para el fin de semana. Me despedí de él y seguí mi camino. También compré huevos y queso en la sección de productos lácteos.

El mercado bullía de gente, todos ellos ansiosos por hacerse con los productos frescos y la carne que se ofrecían. El aire huele a ajo y cebolla, y el sonido de las risas y las conversaciones llena el ambiente. Me abrí paso entre la multitud, eligiendo los demás artículos que necesitaba para mi compra semanal. Llené mi **cesta** de fruta y verdura, pasta y pan, antes de dirigirme a la caja. La cola era larga, pero avanzaba rápidamente. Por fin, compré los últimos **alimentos** y fue hora de volver a casa. Cargamos el coche y el viaje a casa fue largo y tedioso. El tráfico era intenso y el calor era agobiante. Finalmente, el coche entró en la calzada y el alivio fue palpable. La casa estaba fresca y tranquila, y era un refugio después del **ajetreo** del mercado. Todo estaba guardado y la casa pronto volvió a su tranquilidad habitual. Tenía todo lo que necesitaba para preparar unas **deliciosas** comidas para mí y para mi familia. Era bueno estar en casa.

Pytania sprawdzające rozumienie tekstu

1. Dokąd zmierza osoba?

2. Co dana osoba chce kupić?

3. Ile toreb ma ta osoba?

4. Jak daleko znajduje się rynek?

5. Co ta osoba robi w tej chwili?

6. Co to jest wszystko na rynku?

7. Ile osób znajduje się na rynku?

8. Ile czasu zajęło tej osobie kupienie wszystkiego?

9. W jaki sposób dana osoba wróciła do domu?

10. Co robiła osoba, która wróciła do domu?

Preguntas de comprensión

1. ¿Dónde va la persona?

2. ¿Qué quiere comprar la persona?

3. ¿Cuántas bolsas tiene la persona?

4. ¿A qué distancia está el mercado?

5. ¿Qué está haciendo la persona en este momento?

6. ¿Qué hay de todo en el mercado?

7. ¿Cuántas personas hay en el mercado?

8. ¿Cuánto tiempo tardó la persona en comprar todo?

9. ¿Cómo regresó la persona a su casa?

10. ¿Qué hizo la persona cuando llegó a casa?

W kawiarni

Był chłodny **jesienny** poranek, a ja umówiłam się z moją przyjaciółką Lily w naszej ulubionej kawiarni na kawę. Owinęłam się ciepło płaszczem i szalikiem i ruszyłam w drogę. Liście spadały z drzew, a w powietrzu czuć było lekki powiew wiatru, ale świeciło słońce i zapowiadał się piękny dzień. Idąc, **myślałam** o tym, jak dobrze jest mieć taką przyjaciółkę jak Lily. Przyjaźniłyśmy się od lat, odkąd poznałyśmy się na **studiach**. Połączyło nas zamiłowanie do kawy i spędzania czasu na pogawędkach w kawiarniach. Mimo że mieszkałyśmy teraz w różnych częściach miasta, nadal udawało nam się spotykać na kawie raz w tygodniu. Przyjechałem do kawiarni, a Lily już tam na mnie czekała. Uściskałyśmy się na powitanie, a potem zamówiłyśmy kawę. Znalazłyśmy stolik przy oknie i usiadłyśmy, żeby porozmawiać. **Kawa** była pyszna, jak zawsze, i miło było spotkać się z Lily. Rozmawiałyśmy o naszym tygodniu, pracy i planach na przyszłość. Rozmowa z Lily zawsze była tak łatwa i czułam, że mogę jej powiedzieć wszystko. Po jakimś czasie zaczęłyśmy odczuwać głód i **postanowiłyśmy** zamówić coś do jedzenia.

Zamówiliśmy jedzenie i zajęliśmy miejsca przy oknie. Przez okno wpadało słońce, które sprawiało, że

En una cafetería

Era una fría mañana **de otoño** y había quedado con mi amiga Lily en nuestra cafetería favorita para tomar un café. Me abrigué con mi abrigo y mi bufanda y me puse en marcha. Las hojas se caían de los árboles y el aire era un poco frío, pero el sol brillaba y prometía ser un día precioso. Mientras caminaba, **pensé** en lo bueno que era tener una amiga como Lily. Éramos amigas desde hacía años, desde que nos conocimos en **la universidad**. Nos unía nuestra afición al café y a pasar tiempo charlando en las cafeterías. Aunque ahora vivíamos en zonas distintas de la ciudad, nos las arreglábamos para quedar para tomar un café una vez a la semana. Llegué a la cafetería y Lily ya estaba allí, esperándome. Nos abrazamos y pedimos nuestros cafés. Encontramos una mesa junto a la ventana y nos sentamos a charlar. El **café** estaba delicioso, como siempre, y fue muy agradable ponerse al día con Lily. Hablamos de nuestra semana, nuestros trabajos y nuestros planes para el futuro. Siempre era tan fácil hablar con Lily, y sentía que podía contarle cualquier cosa. Después de un rato, empezamos a tener hambre y **decidimos** pedir algo de comida.

Pedimos la comida y nos sentamos junto a la ventana. El sol entraba por la ventana, haciendo que todo

wszystko było ciepłe i radosne. Rozmawialiśmy przy jedzeniu, ciesząc się prostą przyjemnością przebywania w swoim **towarzystwie**. W kawiarni było dużo ludzi, ale nie odczuwało się tłoku. W powietrzu unosiła się atmosfera spokoju i zadowolenia. Kiedy skończyliśmy jeść, siedzieliśmy jeszcze przez chwilę, ciesząc się spokojną **atmosferą**. Przez chwilę rozmawialiśmy o różnych sprawach, które wydarzyły się w naszym życiu. Miło było spotkać się z moją przyjaciółką i po prostu **odpocząć**. Słońce świeciło przez okno i wydawało się, że **nic nie jest w** stanie zepsuć naszego idealnego dnia.

Nagle usłyszałem głośny trzask. Odwróciłem się i zobaczyłem, że jakiś mężczyzna wypadł przez sufit i leżał przed nami na podłodze. Był **pokryty** pyłem i gruzem i wydawał się być nieprzytomny. Ja i moja przyjaciółka byłyśmy w szoku, wpatrując się w leżącego na podłodze mężczyznę. Nie wiedziałyśmy, co robić ani kogo wezwać na pomoc. Po prostu siedziałyśmy i patrzyłyśmy na niego, nie wiedząc, co robić. Po kilku minutach otrząsnęłam się z tego i zadzwoniłam pod numer 911. Operator powiedział mi, że ktoś wkrótce przyjedzie. Odłożyłem słuchawkę i powiedziałem mojemu przyjacielowi, co powiedział **operator.** Obie siedziałyśmy tam i czekałyśmy na pomoc. Wydawało mi się, że trwało to wieczność, ale w końcu **pojawiła się** karetka. Ratownicy medyczni szybko weszli do środka i zaczęli zajmować się mężczyzną.

fuera cálido y alegre. Charlamos mientras comemos, disfrutando del simple placer de estar en **compañía** del otro. La cafetería estaba llena de gente, pero no se sentía abarrotada. Había una sensación de paz y satisfacción en el aire. Cuando terminamos nuestra comida, nos sentamos un rato más, disfrutando de la **atmósfera de** paz. Hablamos durante un rato de diferentes cosas que nos habían pasado en la vida. Fue muy agradable ponerse al día con mi amigo y **relajarse**. El sol brillaba a través de la ventana y parecía que **nada** podía arruinar nuestro día perfecto.

De repente, oí un fuerte golpe. Me di la vuelta y vi que un hombre había caído por el techo y estaba tendido en el suelo frente a nosotros. Estaba **cubierto** de polvo y escombros y parecía estar inconsciente. Mi amigo y yo nos quedamos en estado de shock mientras miramos al hombre tendido en el suelo. No sabíamos qué hacer ni a quién pedir ayuda. Nos quedamos sentados mirándole, sin saber qué hacer. Al cabo de unos minutos, me recuperé y llamé al 911. La operadora me dijo que alguien llegaría pronto. Colgué el teléfono y le conté a mi amigo lo que había dicho la operadora. Nos quedamos sentados esperando a que llegara la ayuda. Me pareció una eternidad, pero finalmente **apareció** una ambulancia. Los paramédicos se apresuraron a entrar y comenzaron a trabajar en el hombre.

Pytania sprawdzające rozumienie tekstu

1. Skąd pochodzi człowiek, który wpada przez dach?

2. Dlaczego kobieta jest ze swoją przyjaciółką w kawiarni?

3. Jaka jest ulubiona kawiarnia tych dwóch przyjaciół?

4. Jak długo przyjaciele znają się nawzajem?

5. Jaki jest ulubiony napój tych dwóch przyjaciół?

6. W jakim mieście mieszkają ci dwaj przyjaciele?

7. Jak często spotykają się ci dwaj przyjaciele?

8. O czym rozmawiają dwie przyjaciółki, gdy po raz pierwszy spotykają się w swojej ulubionej kawiarni?

9. Jakie jest ulubione jedzenie tych dwóch przyjaciół?

Preguntas de comprensión

1. ¿De dónde viene el hombre que cae por el tejado?

2. Por qué la mujer está con su amiga en el café?

3. Cuál es el café favorito de las dos amigas?

4. ¿Desde cuándo se conocen las dos amigas?

5. ¿Cuál es la bebida favorita de los dos amigos?

6. En qué ciudad viven los dos amigos?

7. ¿Con qué frecuencia se reúnen los dos amigos?

8. ¿De qué hablan los dos amigos cuando se encuentran por primera vez en su café favorito?

9. ¿Cuál es la comida favorita de las dos amigas?

Idę popływać

Basen zawsze był **orzeźwiającym** miejscem, a dzisiaj było nie inaczej. Słońce świeciło, a woda wyglądała zachęcająco. Wziąłem głęboki oddech i zanurzyłem się w wodzie, czując jej chłodny uścisk. Przez jakiś czas pływałem, ciesząc się z wysiłku i możliwości oczyszczenia głowy. Po jakimś czasie wyszedłem z wody, osuszyłem się i usiadłem na ręczniku, aby odpocząć w słońcu. Zamknąłem oczy i pozwoliłem, by ogarnęło mnie **ciepło,** czując, jak moje mięśnie zaczynają się rozluźniać. Nagle usłyszałem plusk i otworzyłem oczy, aby zobaczyć moją młodszą siostrę, która **wiosłowała** w płytkiej części wody. Uśmiechnąłem się i przyglądałem jej się przez chwilę, po czym wstałem i podszedłem do niej. Chwilę rozmawialiśmy i razem pływaliśmy, ciesząc się swoim towarzystwem. Wkrótce dołączyli do nas rodzice i resztę popołudnia spędziliśmy na pływaniu i wspólnych grach. Zawsze miło było spędzać czas z rodziną na basenie. Jest **coś takiego** w przebywaniu w wodzie, co wydaje się zbliżać ludzi do siebie. Może to dlatego, że kiedy jesteśmy w wodzie, wszyscy jesteśmy równi - nie możemy ukrywać swoich wad ani udawać, że jesteśmy kimś, kim nie jesteśmy. A może po prostu dlatego, że to świetna zabawa! **Niezależnie od** przyczyny, cieszyłem się, że mogliśmy się spotkać i cieszyć się swoim towarzystwem w tak

Ir a nadar

La piscina siempre era un lugar **refrescante,** y hoy no era diferente. El sol brillaba y el agua parecía atractiva. Respiré profundamente y me zambullí, sintiendo el fresco abrazo del agua. Nadé un rato, disfrutando del ejercicio y de la oportunidad de despejar la cabeza. Después de un rato, salí y me sequé, y me senté en una toalla para relajarme al sol. Cerré los ojos y dejé que el **calor** me bañara, sintiendo que mis músculos empezaban a relajarse. De repente, oigo un chapoteo y abro los ojos para ver a mi hermana pequeña **remando** en la parte menos profunda. Sonreí y la observé durante un rato, luego me levanté y me acerqué a ella. Charlamos un rato y remamos juntas, disfrutando de la compañía de la otra. Pronto se unieron nuestros padres y pasamos el resto de la tarde nadando y jugando juntos. Siempre es muy agradable pasar tiempo con la familia en la piscina. Hay **algo** en el agua que parece unir a la gente. Tal vez sea porque todos somos iguales cuando estamos en el agua, no podemos ocultar nuestros defectos ni fingir lo que no somos. O tal vez porque es divertido. **Cualquiera que sea** la razón, me alegro de que hayamos podido reunirnos y disfrutar de la compañía de los demás en un lugar tan especial.

El sol golpeaba mi piel y el olor a cloro estaba en el

szczególnym miejscu.

Słońce biło w moją skórę, a w powietrzu unosił się zapach chloru. Słyszałem odgłosy śmiechu dzieci, które pluskały się w basenie. Leżałem na **leżaku** obok basenu, wygrzewając się na słońcu i **ciesząc się** dniem. Miałam zamknięte oczy i już miałam zasnąć, gdy usłyszałam, że ktoś do mnie podchodzi. Otworzyłem oczy i zobaczyłem stojącą obok mnie kobietę. Była ubrana w bikini i miała ręcznik owinięty wokół talii. Miała długie blond włosy i niebieskie oczy. W ręku trzymała buteleczkę z **filtrem przeciwsłonecznym.** "Nie masz nic przeciwko temu, żebym posmarowała Ci plecy kremem z filtrem? "Nie, w porządku" - odpowiedziałem, siadając tak, by mogła dosięgnąć moich pleców. Czułem jej dłonie na skórze, gdy nakładała mi krem z filtrem.

Jej dotyk był delikatny, a zapach kremu przeciwsłonecznego kojący. Ponownie zamknąłem oczy i pozwoliłem sobie na relaks. Słyszałem **odgłosy** jej ruchu, ale nie otworzyłem oczu. Byłem zadowolony, leżąc na słońcu i słuchając szumu fal **rozbijających się** o brzeg. Po kilku minutach odeszła, a ja otworzyłem oczy. Patrzyłem na nią, jak wraca do swojego fotela i bierze książkę. Usiadła w fotelu i zaczęła czytać. Ponownie zamknąłem oczy i odpłynąłem w sen. **Śniło mi się**, że pływam w basenie, robiąc okrążenia tam i z powrotem.

aire. Oigo el sonido de los niños riendo y chapoteando en la piscina. Estaba tumbada en una tumbona junto a la piscina, tomando el sol y **disfrutando** del día. Tenía los ojos cerrados y estaba a punto de dormirme cuando oí que alguien se acercaba a mí. Abrí los ojos y vi a una mujer de pie junto a mí. Llevaba un bikini y una toalla alrededor de la cintura. Tenía el pelo largo y rubio y los ojos azules. Llevaba un bote de **crema solar** en la mano. "¿Te importa si te pongo un poco de crema solar en la espalda?", me preguntó. "No, está bien", dije, sentándome para que pudiera alcanzar mi espalda. Sentí sus manos en mi piel mientras me aplicaba el protector solar.

Su tacto era suave y el aroma de la crema solar era relajante. Volví a cerrar los ojos y me relajé. Podía oír el **sonido** de sus movimientos, pero no abrí los ojos. Me contenté con estar tumbado al sol, escuchando el sonido de las olas **que chocaban** contra la orilla. Después de unos minutos, se alejó y abrí los ojos. La observé mientras volvía a su tumbona y cogía su libro. Se acomodó en la silla y empezó a leer. Volví a cerrar los ojos y me dejé llevar por el sueño. **Soñé** que nadaba en la piscina, dando vueltas de un lado a otro.

Pytania sprawdzające rozumienie tekstu

1. Gdzie był narrator, gdy rozpoczynał opowiadanie?

2. Co czuje narrator, gdy otwiera oczy?

3. Co słyszy narrator, gdy otwiera oczy?

4. Czyj krem do opalania daje narratorowi kobieta?

5. O czym śni narrator?

6. Dlaczego pływanie w morzu jest dla narratora tak wyjątkowe?

7.Jakie wrażenie robi woda, w której pływa narrator?

8. Co widzi narrator po wyjściu z wody?

Preguntas de comprensión

1. ¿Dónde estaba el narrador cuando comienza la historia?

2. Qué huele el narrador cuando abre los ojos?

3. 3. ¿Qué oye el narrador cuando abre los ojos?

4. De quién es el protector solar que la mujer le da al narrador?

5. 5. ¿Con qué sueña el narrador?

6. ¿Por qué nadar en el océano es tan especial para el narrador?

7. ¿Cómo se siente el agua cuando el narrador nada en ella?

8. ¿Qué ve el narrador cuando sale del agua?

Koszenie trawnika

Jest 10 rano w letnią **sobotę**, a słońce już niemiłosiernie bije. Wychodzisz do garażu po kosiarkę, czując się tak, jakbyś został **skazany** na ciężką pracę. Zaczynasz kosić trawnik, starając się robić to powoli, aby nie przeoczyć żadnego miejsca. W trakcie koszenia myślisz o tym, jakie to przyjemne uczucie być na świeżym powietrzu. Gdy zaczynasz pchać kosiarkę tam i z powrotem po trawniku, kątem **oka dostrzegasz** sąsiada. Machasz do niego i witasz się, a on odwzajemnia uśmiech.

Po kilku minutach kończysz i idziesz do domu sąsiada, aby napić się z nim piwa w ogrodzie. Dzień jest **idealny** - nie jest zbyt gorąco, wieje delikatny wiatr. Siedzisz w cieniu drzewa, popijasz piwo i rozmawiasz z sąsiadem. Właśnie takie dni sprawiają, że doceniasz lato. Następnie **udajesz się do** domu na zasłużone piwo. Rozsiadasz się wygodnie na krześle na werandzie i otwierasz puszkę, wydając z siebie zadowolone westchnienie. Dźwięk kosiarki zanika w tle, a Ty odpoczywasz w cieniu, rozkoszując się **spokojem** chwili. Piwo smakuje wyjątkowo dobrze po tej ciężkiej pracy w upale. Już miałem wejść do domu, gdy usłyszałem hałas obok.

Brzmiało to tak, jakby ktoś płakał. Przestałem kosić i

Cortar el césped

Son las 10 de la mañana de un **sábado** de verano y el sol ya está pegando sin piedad. Te diriges al garaje para coger el cortacésped, con la sensación de estar **condenado** a realizar trabajos forzados. Empiezas a cortar el césped, asegurándote de ir despacio para no perder ningún punto. Mientras cortas, piensas en lo bien que te sientes al aire libre. Cuando empiezas a empujar el cortacésped de un lado a otro del césped, ves a tu vecino de **reojo**. Le saludas con la mano y él te devuelve el saludo.

Después de unos minutos, has terminado y te diriges a la casa de tu vecino para tomar una cerveza con él en el jardín delantero. Es un día **perfecto**: no hace demasiado calor y sopla una suave brisa. Te sientas a la sombra del árbol, bebes tu cerveza y charlas con tu vecino. Son días como éste los que te hacen apreciar el verano. Luego entras a tomar una merecida cerveza. Te tumbas en una silla del porche y abres la lata, dejando escapar un suspiro de satisfacción. El sonido del cortacésped pasa a un segundo plano mientras te relajas a la sombra, disfrutando de la **tranquilidad del** momento. La cerveza sabe muy bién después de todo el trabajo duro en el calor. Estaba a punto de entrar cuando oigo un ruido en la puerta de al lado.

podszedłem do płotu, który oddzielał nasze podwórka. Zobaczyłem moją sąsiadkę, panią Johnson, płaczącą na huśtawce na werandzie. Zawołałem do niej, ale mnie nie usłyszała. Wspiąłem się na płot i podszedłem do niej. "Pani Johnson, wszystko w porządku?" zapytałem. Spojrzała na mnie ze łzami w oczach i potrząsnęła głową. "Nie, nic mi nie jest" - powiedziała. "Wczoraj zmarł mój kot". Byłem zszokowany. Nie wiedziałam, co powiedzieć. Stałem tak niezręcznie, nie wiedząc, co zrobić. W końcu położyłam rękę na jej **ramieniu** i powiedziałam: "Bardzo mi przykro, pani Johnson. Jeśli mogę jakoś pomóc, proszę dać mi znać". "Potrząsnęła głową i powiedziała: "Nie, nikt **nic nie** może zrobić". Po czym wstała i weszła do swojego domu. Stałem tam przez chwilę, nie wiedząc, co robić. Potem wróciłem do koszenia trawnika. Kiedy skończyłem, nie mogłem przestać myśleć o pani Johnson i jej kocie.

Parecía que alguien estaba llorando. Dejé de cortar el césped y me acerqué a la valla que separaba nuestros patios. Me asomé y vi a mi vecina, la señora Johnson, llorando en el columpio de su porche. La llamé, pero no me oyó. Trepé por la valla y me acerqué a ella. "Sra. Johnson, ¿está usted bien?" le pregunté. Me miró con lágrimas en los ojos y negó con la cabeza. "No, no estoy bien", dijo. "Mi gato murió ayer". Me sorprendió. No sabía qué decir. Me quedé de pie, sin saber qué hacer. Finalmente, le puse la mano en **el hombro** y le dije: "Lo siento mucho, señora Johnson. Si hay algo que pueda hacer para ayudar, por favor hágamelo saber". "Ella negó con la cabeza y dijo: "No, **no hay nada** que nadie pueda hacer". Luego se levantó y entró en su casa. Me quedé allí un momento, sin saber qué hacer. Luego volví a cortar el césped. Mientras terminaba, no pude evitar pensar en la señora Johnson y su gato.

Pytania sprawdzające rozumienie tekstu

1. Która jest godzina?

2. Gdzie znajduje się osoba kosząca?

3. Jak czuje się dana osoba?

4. Dlaczego osoba musi kosić trawę powoli?

5. Jaka jest pogoda?

6. Co robi osoba po zakończeniu koszenia?

7. Co słyszy osoba przed powrotem do domu?

8. Kto jest z panią Johnson?

9. Dlaczego pani Johnson płacze?

Preguntas de comprensión

1. ¿Qué hora es?

2. ¿Dónde está la persona que corta el césped?

3. ¿Cómo se siente la persona?

4. ¿Por qué la persona tiene que segar lentamente?

5. ¿Qué tiempo hace?

6. ¿Qué hace la persona después de segar?

7. ¿Qué oye la persona antes de volver a casa?

8. ¿Quién está con la señora Johnson?

9. ¿Por qué llora la Sra. Johnson?

Strzyżenie włosów

Od tygodni nosiłam się z zamiarem zrobienia sobie fryzury, ale jakoś zawsze udawało mi się to odłożyć na później. Jednak w obliczu zbliżających się **Świąt Bożego Narodzenia** wiedziałam, że nie mogę dłużej tego odkładać. Nie chciałam pojawić się na kolacji wigilijnej u mojej rodziny w niechlujnej fryzurze. Tak więc, wczesnym rankiem w Boże Narodzenie udałam się do salonu fryzjerskiego. Mimo wczesnej pory, w salonie było już pełno osób, które chciały **się uczesać na** święta. Zajęłam swoje miejsce w kolejce i czekałam na swoją kolej. W końcu nadeszła moja kolej na fotelu. Stylistka, sympatyczna kobieta o imieniu Jill, zapytała mnie, czego sobie życzę. "Zwykłe podcięcie, nic drastycznego" - odpowiedziałam. Jill zabrała się do pracy, przycinając moje włosy. W miarę jak pracowała, zaczęłam się odprężać. Czułam się dobrze, że wreszcie mogę o siebie zadbać. Ostatnio byłam tak zajęta, biegając i troszcząc się o wszystkich innych, że pozwoliłam, aby moje własne potrzeby zeszły na dalszy plan. Ale **już** nie. Od tej pory zamierzałam znaleźć czas dla siebie.

Kiedy Jill skończyła, spojrzałam w lustro i byłam zadowolona z tego, co zobaczyłam. Moje włosy były schludne i wypolerowane - idealne na wakacyjne

Cortarse el pelo

Llevaba semanas queriendo cortarme el pelo, pero siempre me las arreglaba para posponerlo. Pero con **la Navidad a** la vuelta de la esquina, sabía que no podía posponerlo más. No quería llegar a la cena de Navidad de mi familia con un aspecto desaliñado. Así que, a primera hora de la mañana de Navidad, me dirigí a la peluquería. Aunque era temprano, la peluquería ya estaba ocupada con otras personas que se **estaban** peinando para las fiestas. Me puse en la cola y esperé mi turno. Finalmente, me tocó el turno de la silla. La estilista, una amable mujer llamada Jill, me preguntó qué quería. "Sólo un recorte, nada demasiado drástico", respondí. Jill se puso a trabajar, recortando mi pelo. Mientras trabajaba, empecé a relajarme. Me sentí bien por fin cuidando de mí misma. Últimamente había estado tan ocupada, corriendo de un lado a otro cuidando de los demás, que había dejado de lado mis propias necesidades. Pero **ya** no. A partir de ahora, iba a sacar tiempo para mí.

Cuando Jill terminó, me miré en el espejo y quedé satisfecha con lo que vi. Mi cabello se veía ordenado y pulido, perfecto para las reuniones navideñas. **Le di las gracias a Jill** y tomé nota de que volvería más a menudo. A partir de ahora, lo primero que haré será

spotkania. **Podziękowałam** Jill i zapisałam sobie w **pamięci,** żeby częściej do niej wracać. Od tej pory będę dbać przede wszystkim o siebie". Jill zabrała się do pracy, przycinając moje włosy. Pomyślałam o tym, jak bardzo jestem wdzięczna, że w końcu zdecydowałam się na strzyżenie. Dobrze było wiedzieć, że na **kolację** wigilijną będę wyglądać stosownie do okazji. Nie musiałam się już martwić, że rodzina będzie mi dokuczać z powodu mojego "niechlujnego" wyglądu. Po kilku minutach fryzjerka skończyła strzyc moje włosy i szybko je wysuszyła. Spojrzałam w lustro i byłam zadowolona z tego, co zobaczyłam - czysty wygląd, który idealnie nadawał się na świąteczny obiad. Teraz, gdy nie musiałam już strzyc włosów, mogłam skupić się na spędzaniu świąt z rodziną. I za to byłam jeszcze bardziej wdzięczna.

To było takie **wyzwalające** uczucie i bardzo podobała mi się moja nowa fryzura. Po zapłaceniu za fryzurę wróciłam do domu i zaczęłam się pakować na wyjazd. **Nie mogłam się** doczekać, kiedy pochwalę się moim nowym wyglądem rodzinie i przyjaciołom. Wiedziałam, że będą zaskoczeni, gdy mnie zobaczą. W dniu wylotu dotarłam na lotnisko z zapasem czasu. Bez problemu przeszedłem przez kontrolę bezpieczeństwa i wkrótce byłem w drodze. Gdy tylko dotarłem do celu, poczułem podniecenie w powietrzu. Boże Narodzenie było zdecydowanie w powietrzu! Na lotnisku przywitała mnie rodzina, która była zachwycona moją nową fryzurą.

cuidarme a mí misma. Se puso a trabajar cortando mi cabello. Pensé en lo agradecida que estaba de haberme cortado el pelo por fin. Me sentí bien al saber que estaría presentable para la **cena de** Navidad. Ya no tendría que preocuparme de que mi familia se burlara de mi aspecto "desaliñado". Después de unos minutos, el estilista terminó de cortarme el pelo y me secó rápidamente. Me miré en el espejo y me sentí feliz con lo que vi: un aspecto limpio que sería perfecto para la cena de Navidad. Ahora que mi corte de pelo había terminado, podía centrarme en disfrutar de las vacaciones con mi familia. Y estaba aún más agradecida por ello.

Me sentí muy **liberada** y me encantó el aspecto de mi nuevo corte de pelo. Después de pagar mi corte de pelo, me fui a casa y empecé a hacer la maleta para mi viaje. Me **moría de** ganas de enseñar mi nuevo look a mi familia y amigos. Sabía que se sorprenderían cuando me vieran. El día de mi vuelo, llegué al aeropuerto con tiempo de sobra. Pasé el control de seguridad sin problemas y pronto me puse en camino. En cuanto llegué a mi destino, pude sentir la emoción en el aire. Definitivamente, ¡la Navidad está en el aire! Mi familia estaba allí para recibirme en el aeropuerto, y todos estaban sorprendidos por mi nuevo corte de pelo.

Pytania sprawdzające rozumienie tekstu

1. Co bohater musiał zrobić przed świętami?

2. Jak bohaterka czuła się, dbając o siebie?

3. Kto przyciął włosy bohatera?

4. Dlaczego rodzina bohaterki miała jej dokuczać?

5. Jak czuła się bohaterka po obcięciu włosów?

6. Co zrobiła bohaterka po obcięciu włosów?

7. Jaka była reakcja rodziny bohaterki na jej fryzurę?

Preguntas de comprensión

1. ¿Qué tenía que hacer el protagonista antes de Navidad?

2. Cómo se sentía la protagonista al cuidarse a sí misma?

3. Quién recortó el pelo de la protagonista?

4. Por qué la familia de la protagonista se burlaba de ella?

5. Cómo se sintió la protagonista después de cortarse el pelo?

6. ¿Qué hizo la protagonista después de cortarse el pelo?

7. Cuál fue la reacción de la familia de la protagonista ante su corte de pelo?

Park

Słońce zachodziło, a w parku było pusto. Usiadłam na ławce, czekając na moją **przyjaciółkę**. Zaplanowałyśmy spotkanie już godzinę temu, ale ona zawsze się spóźniała. Gdy już miałam się poddać i iść do domu, zobaczyłam, że biegnie w moją stronę.

"Tak mi przykro" - wykrztusiła, gdy znalazła się na ławce. "Mój pociąg się **opóźnił**".

"W porządku" - powiedziałam z **wyrozumiałością**. "Sam dopiero co przyjechałem".

Usiedliśmy i przez chwilę rozmawialiśmy, dowiadując się, jak wyglądało nasze życie od ostatniego spotkania. Rozmowa płynęła **gładko i wydawało się,** że od naszego ostatniego spotkania nie minęło ani trochę czasu. Gdy słońce zaszło, pożegnaliśmy się i poszliśmy w swoją stronę. Następnym razem spotkaliśmy się w innym parku. Znów się spóźniła, ale nie miałem nic przeciwko temu. Miło było mieć kogoś, z kim można porozmawiać, kto mnie **rozumie.** Rozmawialiśmy o naszych marzeniach i **aspiracjach**, o rzeczach, które chcielibyśmy zrobić w życiu. Ona opowiedziała mi o swoich planach podróżowania po świecie, a ja podzieliłem się swoim marzeniem, by zostać pisarzem. Gdy słońce zachodziło w kolejny dzień, pożegnałyśmy się raz jeszcze, obiecując sobie, że tym razem będziemy w kontakcie.

El parque

El sol se ponía y el parque estaba vacío. Me senté en el banco, esperando a mi **amiga**. Habíamos quedado aquí hace una hora, pero ella siempre llegaba tarde. Justo cuando estaba a punto de rendirme y volver a casa, la vi correr hacia mí.

"Lo siento mucho", jadeó al llegar al banco. "Mi tren se **retrasó**".

"Está bien", dije **con perdón**. "Acabo de llegar yo mismo".

Nos sentamos y charlamos un rato, poniéndonos al día de la vida de cada uno desde la última vez que nos vimos. La conversación fluye con **facilidad** y parece que no ha pasado nada de tiempo desde la última vez que nos vimos. Al ponerse el sol, nos despedimos y nos fuimos por caminos distintos. La siguiente vez que nos vimos fue en otro parque. De nuevo, llegó tarde, pero no me importó. Era agradable tener a alguien con quien hablar y que me **entendiera**. Hablamos de nuestros sueños y **aspiraciones**, de las cosas que queríamos hacer con nuestras vidas. Ella me contó sus planes de viajar por el mundo, y yo compartí mi sueño de convertirme en escritor. Al ponerse el sol un día más, nos despedimos una vez más, prometiendo que esta vez nos mantendríamos en contacto.

Pasaron los años y nuestra **amistad** se mantuvo

Mijały lata, a nasza **przyjaźń** pozostawała silna, mimo że mieszkaliśmy teraz w różnych częściach kraju. Utrzymywałyśmy kontakt poprzez listy i sporadyczne rozmowy telefoniczne, dzieląc się wzajemnie nowinkami z naszego życia. Kiedy ogłosiła, że wychodzi za mąż, nie byłem **zaskoczony** - zawsze była typem poszukiwacza **przygód**. Ale kiedy zapytała mnie, czy byłabym druhną na jej ślubie, który odbywał się pół świata od mojego miejsca zamieszkania... trzeba było mnie trochę przekonać! W końcu jednak nie mogłam pozwolić, by moja najlepsza przyjaciółka wyszła za mąż beze mnie u jej boku, więc mimo moich obaw (i po wielu błaganiach z jej strony!) **zgodziłam się wziąć** udział w tym, co okazało się **przygodą** życia.

W końcu nadszedł dzień **ślubu**. Byłam zdenerwowana, ale jednocześnie podekscytowana, że mogłam uczestniczyć w tak ważnym momencie w życiu mojej przyjaciółki. Ceremonia była piękna, a ona wyglądała na szczęśliwą, gdy składała przysięgę. **Później** świętowaliśmy z wielką imprezą - wyglądało na to, że wszyscy, których znała, przyszli świętować razem z nią! To był **magiczny** dzień, którego nigdy nie zapomnę, a nasza przyjaźń po tej przygodzie tylko się umocniła. Teraz, po latach, nadal utrzymujemy kontakt. Obie bardzo się **zmieniłyśmy** od czasu naszego pierwszego spotkania, ale nasza przyjaźń jest tak silna, jak nigdy dotąd.

firme aunque ahora vivíamos en diferentes partes del país. Nos mantuvimos en contacto a través de cartas y llamadas telefónicas ocasionales, compartiendo noticias de nuestras vidas. Cuando anunció que se iba a casar, no me **sorprendió**, ya que siempre había sido una **aventurera**. Pero cuando me pidió que fuera su dama de honor en la ceremonia de su boda, que se celebraba al otro lado del mundo desde donde yo vivía... ¡hubo que convencerla! Al final, no podía dejar que mi mejor amiga se casara sin estar a su lado, así que, a pesar de mis temores (¡y tras muchas súplicas por su parte!), acepté acompañarla en lo que resultó ser la **aventura** de su vida.

Por fin llegó el día de la **boda**. Estaba nerviosa, pero emocionada por formar parte de un momento tan importante en la vida de mi amiga. La ceremonia fue preciosa, y ella parecía feliz mientras decía sus votos. **Después**, lo celebramos con una gran fiesta: ¡parecía que todos sus conocidos habían venido a celebrarlo con ella! Fue un día **mágico** que nunca olvidaré, y nuestra amistad no hizo más que fortalecerse después de aquella aventura. Ahora, años después, seguimos en contacto. Las dos hemos **cambiado** mucho desde que nos conocimos, pero nuestra amistad es tan fuerte como siempre.

Pytania sprawdzające rozumienie tekstu

1. Gdzie autorka i jej przyjaciółka spotkały się po raz pierwszy?

2. Dlaczego przyjaciel autora spóźnił się na spotkanie?

3. O czym rozmawiali przyjaciele, gdy spotkali się ponownie po latach?

4. Jak autorka czuła się, uczestnicząc w uroczystości ślubnej swojej przyjaciółki?

5. Opisz miejsce, w którym odbywa się ceremonia ślubna.

6. Jak z czasem zmieniła się przyjaźń między tymi dwiema kobietami?

7. Jakie jest marzenie autora?

Preguntas de comprensión

1. ¿Dónde se conocieron la autora y su amiga?

2. Por qué la amiga de la autora llegó tarde a su encuentro?

3. De qué hablaron las amigas cuando se reencontraron años después?

4. Cómo se sintió la autora al asistir a la ceremonia de boda de su amiga?

5. Describe el escenario de la ceremonia de la boda.

6. Cómo ha cambiado la amistad entre las dos mujeres a lo largo del tiempo?

7. ¿Cuál es el sueño de la autora?